绍兴文理学院出版基金资助

陈冬春 著

论习惯的力量

以姜堰实践为切入点

ZHEJIANG UNIVERSITY PRESS
浙江大学出版社

图书在版编目（CIP）数据

论习惯的力量：以姜堰实践为切入点 / 陈冬春著．
—杭州：浙江大学出版社，2016.3
ISBN 978-7-308-15383-6

Ⅰ.①论… Ⅱ.①陈… Ⅲ.①习惯法—研究—中国
Ⅳ.①D920.4

中国版本图书馆 CIP 数据核字（2015）第 286234 号

论习惯的力量

——以姜堰实践为切入点

陈冬春　著

责任编辑　胡　畔（llpp_lp@163.com）
责任校对　宋旭华
封面设计　十木米
出版发行　浙江大学出版社
（杭州市天目山路 148 号　邮政编码 310007）
（网址：http://www.zjupress.com）
排　　版　杭州中大图文设计有限公司
印　　刷　杭州日报报业集团盛元印务有限公司
开　　本　880mm×1230mm　1/32
印　　张　7.25
字　　数　150 千
版 印 次　2016 年 3 月第 1 版　2016 年 3 月第 1 次印刷
书　　号　ISBN 978-7-308-15383-6
定　　价　38.00 元

浙江大学出版社发行中心联系方式：0571—88925591；http://zjdxcbs.tmall.com

目　录

引 论

一、选题及其研究价值

近几年来，民事习惯①的司法运用是法学理论界和实务界极其关注的问题，而姜堰实践及其报道则凸显了这种关注。而

① 民事习惯这个词在我国理论研究中并没有一个非常精确的界定，是一个极具包容性的词。与此类似的还有民间法、民间规范、习惯法、民俗习惯、风俗习惯等等，所以民事习惯的司法运用在很多情况下就表述为民间法的司法运用、民俗习惯的司法运用等等。如可参见贾焕银：《民间规范的司法运用》，中国政法大学出版社 2010 年版；田成有：《民俗习惯在司法实践中的价值和运用》，《山东大学学报（哲学社会科学版）》2008 年第 1 期；陈益群：《论习惯和法律在司法领域中冲突与互动》，《法律适用》2005 年第 1 期；等等。

且从实践中看，这种关注是普遍性的。[①] 这种关注的背后隐含的是我国当前司法实践中出现的问题，如“同案不同判”、“案结事不了”等。而在法学家和实务界人士看来，这些问题的产生在很大程度上与我国成文法存在的局限性有关。为此，法学研究开始探索如何把近几年来学界较为流行的“民间法”、“习惯法”、“习惯”等非国家法运用于司法以克服国家法的局限；而实务界也较为实用主义地尝试引用民众认可度较高的民事习惯以增加裁判的说服力和认可度。综观我国法院将民事习惯运用于司法的实践，姜堰实践并不是最早的，却是最典型的。在这个意义上而言，解剖姜堰实践这个比较具有代表性的样本来分析法律与习惯无疑是比较好的切入点。

对民事习惯的司法运用包括对姜堰实践的探讨，理论界并不少见。对于“民间法”、“习惯法”、“习惯”等非国家法的关注和

① 如《57 件彩礼案零上诉——姜堰法院引入善良风俗处理彩礼返还纠纷调查》一文开头就指出：“3 月 20 日，本报一版头条报道了江苏省姜堰市人民法院运用善良风俗化解民间纠纷的做法，在全国法院系统引起反响。目前已有 50 多家法院致函致电本报和姜堰法院，要求寄送相关资料或前往学习。”50 多家法院（可以预见这一数据还会上升）很大程度上说明了问题广泛受关注。张宽明：《57 件彩礼案零上诉——姜堰法院引入善良风俗处理彩礼返还纠纷调查》，《人民法院报》（网络版）2007 年 4 月 15 日。关于姜堰实践的普遍性，笔者将在第一章中详细探讨。

研究在我国法学界也成果颇多，[①]但是，综观这些关注及其研究，可以发现存在一个共同的盲点，那就是都忽视对习惯本身的关注，具体说来，这些研究忽视对习惯的生发机制、习惯的运行机制、习惯的执行体系等关于习惯问题的探讨，对“习惯为什么有力量”、“习惯的力量是什么”、“习惯力量的限度是什么”、“习惯力量为什么有限度”等关于习惯本身的问题关注不足。目前对这些问题的研究比较少，特别是法学界缺乏较为系统的研究。

---

① 关于民间法研究，最有指标性意义的是：谢晖和陈金钊主编的《民间法》年刊自2002年创刊以来现已出版到第九卷，而且自第七卷起入选CSSCI来源集刊；民间法·民族习惯法学术研讨会(年会)的召开；《山东大学学报》推出的“民间法”研究专栏和《甘肃政法学院学报》推出的“民族习惯法”研究专栏；谢晖主编的“民间法文丛”的相继出版。关于习惯法研究，开创性的研究始于高其才和梁治平，梁治平对习惯法的研究采用的是法律史的路径，以其著作《清代习惯法：社会与国家》为代表，可参见梁治平：《清代习惯法：社会与国家》，中国政法大学出版社1996年版；以及代表性的论文，梁治平：《习惯法、社会与国家》，《读书》1996年第9期；梁治平：《中国法律史上的民间法》，《中国文化》1997年第15、16期。高其才对习惯法的研究则更多地采用法理学的路径，其代表作为《中国习惯法论》，该书1995年由湖南出版社初版，2008年由中国法制出版社出了修订版，可参见高其才：《中国习惯法论》(修订版)，中国法制出版社2008年版。高其才的《中国习惯法论》是我国较早系统性研究习惯法的著作，涉及了我国宗族习惯法、村落习惯法、宗教寺院习惯法、行会习惯法、秘密社会习惯法、少数民族习惯法等。在修订版中，高其才还在该书“附录一：习惯法研究综述”中从习惯法的研究背景、习惯法研究的路径、习惯法研究的主题、习惯法的分析框架、习惯法研究的特点、习惯法研究的不足、习惯法研究的深入等方面较为详细地介绍了我国习惯法研究的概况，对于我们了解我国习惯法研究是非常有帮助的，可参见该书第430—489页。值得说明的是，上述有关民间法和习惯法的介绍只是选择其中最具代表性的成果，是非常不全面的。

这就造成了大家都在谈在我国司法甚至依法治国中要合理利用习惯（有的研究用民间法，有的研究用习惯法），但是对于“为什么要运用”、“这种运用有何限度”等问题知之不详。对习惯的生发机制、习惯运行机制、习惯执行体系缺乏关注在很大程度上制约了我国的“民间法”、“习惯法”、“习惯”研究，也制约了对民事习惯的司法运用（包括姜堰实践）研究的效果。

本书虽然关注的问题与上文指出的现有的研究存在很强的一致性，但是关注的焦点却有很大的不同。目前的有关习惯/民间法/习惯法的司法运用的研究更多地把关注焦点放在如何运用的问题，有关民间法/习惯法/习惯的研究更多地关注他们的表现形式、特征等等，而本书的关注焦点就是习惯本身，而且把研究重点放在“习惯为什么有力量”、“习惯的力量是什么”、“习惯力量的限度是什么”、“习惯的力量为什么有限度”等问题上面。为此，本书以一个典型性的实践（姜堰实践）作为切入点，从中引出法律与习惯的关系这一论题，重点分析的却是基础性的问题即习惯本身。

本书的研究价值主要分理论价值和实践价值。

探讨习惯，可以使我们明了习惯的生发机制、特征、力量来源及其局限性，更广泛地说，这种研究可以使我们更深刻地认识各种社会规范的生发机制、运行机制、功能及其局限性。在研究习惯的过程中，可以深化我们对法律的功能及其局限性的认识。更重要的是，我国目前关于习惯的研究主要是从法学的角度进行的，研究视角较为单一，研究结论总体而言不够深刻，而本书的研究更多地引入了制度经济学、知识论、心理学等方面的研究成果，采用多视角的研究方式，所以关于习惯的研究相对而言较为系统，知识增量较为明显。这种研究对于推动目前“蔚然成风”（谢晖）的民间法、习惯法等的研究也是不无意义的。

对习惯问题的关注和研究并不是理论上的自娱自乐，而是出于实践的推动以及对实践问题的关怀。如前所述，司法中出现的“同案不同判”、“案结事不了”确实是困扰我国各级法院的司法难题之一。而通过把习惯引入司法，的确可以发挥习惯的功能，在一定程度上解决“同案不同判”、“案结事不了”的问题。但目前对姜堰实践的评价更多地持肯定性的评价，而对姜堰实践的限度的研究目前还很少。研究习惯的生发机制、运作机制及其作用限度对于准确认识姜堰实践的积极意义和限度是非常有意义的。为此，通过对习惯的探索，可以使我们明了习惯在司法中运用的意义和限度，从而保障习惯的司法运用的顺利进行。民法与习惯具有较强的亲和性，民法典立法应该重视习惯。而从我国民事立法和民法典草案看，习惯在其中的比重非常小，习惯的应有地位在我国民事立法中并没有得到体现。对习惯的研究有利于我国民法典立法正确处理民法典与习惯的关系。

二、研究方法

“鉴于人类行为如此复杂，我们经常受到简约主义的诱惑，试图从单纯的自然科学的视角理解人类行为。”[①]汪丁丁的这句话对于研究习惯同样适用，对于习惯这种复杂的社会规范而言，我们也经常有一种简约化的冲动。但是对于习惯的研究，不能采用法学的单一视角，而应该更多地引入其他学科如哲学、经济学、人类学、心理学等的研究成果和研究方法。这是因为单一的法学视角的研究是有缺陷的：第一，单一视角的研究是具有局限性的。维特根斯坦曾经指出：“哲学之病的一个主要原因——偏食：人们只用一种类型的例子来滋养他们的思想。”[②]单一的视角是瞎子摸象式的一种思维方式，这种思维方式把人类生活形式的丰富性和多样性简单化、单调化，挤掉了许多有营养的成分，留下的是干巴巴的残渣。第二，单一的法学视角和研究方法是有局限性的。科特威尔就指出，法律是如此重要的社会现象，因而人们不能离开社会的其他方面而孤立地分析法律，如果孤立地研究法律，就不可能理解法律的特征，法律与其他社会现象的关系和法律的复杂性，也不能理解法律是社会生活的一部分，而不只是专业性业务的一门技术的这种“实在性”。“纯粹的法律分析”是一个很成问题的概念。基于（纯粹）法学研究视角的局限性，科特威尔提出要发挥“社会学的想象力”（这种想象力不断以广阔的社会为背景诠释法律的详尽知识），而且随着理解社

① 汪丁丁：《制度分析基础讲义Ⅰ》，上海人民出版社 2005 年版，第 113 页。

② ［奥］维特根斯坦：《哲学研究》，李步楼译，商务印书馆 1996 年版，第 235 页。

会生活复杂性的进展，最终必然要求打破知识学科之间的界限。① 第三，具体到我国而言，考虑到“法学幼稚”的现状，单一的法学研究视角尤为不可取，法学应该发挥后发优势，积极借鉴其他学科的研究方法和研究成果。

对于习惯的研究而言，打破单一的法学研究的视角尤为必要。这是因为，习惯与人密切相关，理解习惯的生发机制和运作机制必须依托于人。对习惯的分析必然离不开对人的分析，为此哲学和心理学的视角是必要的；作为社会规范的习惯与人类学具有理论上的亲和性，在一定程度上讲，习惯是人类学和社会学视野下的社会规范，为此对习惯的分析必然离不开人类学和社会学。习惯不仅仅是一种社会规范，更是一种意义体系；习惯的形成就是在人的交往中经过反复的博弈、筛选而成的，人是习惯得以形成的至关重要的不可缺少的主体因素；习惯的运作也离不开人对习惯的理解、感受以及响应，习惯运用于人，人运用习惯；为此理解习惯需要认真考察习惯的主体——人所处的社会文化网络，习惯是纠缠于“意义之网”中的，理解习惯不能超越于人所处的具体的语境，也就是说，不能忽视“人类行为的意义”。为此，习惯就不适合于用单一的法学视角进行分析。习惯相比于法律而言是更为复杂的，单一的法学视角无疑是不能有效地分析习惯的。

① ［英］罗杰·科特威尔：《法律社会学导论》，潘大松等译，华夏出版社1989年版，第2、5、7页。

基于以上的分析，本书在研究时更多地运用哲学、制度经济学、心理学、人类学与社会学等学科的研究成果，对习惯进行多元透视。

第一章　姜堰实践的学理解读

2004 年以来，江苏泰州姜堰市人民法院开始尝试将善良风俗引入民事审判，探索民事习惯的司法运用。2007 年 3 月 20 日和 4 月 15 日，《人民法院报》以《姜堰运用善良风俗化解民间纠纷——收集民俗近千条　整理资料十万字》（头版头条）和《57 件彩礼案零上诉——姜堰法院引入善良风俗处理彩礼返还纠纷调查》为题报道了姜堰市人民法院运用善良风俗化解纠纷的经验，这个报道使得姜堰实践①引起法学界、全国法院系统以及社会各界的关注，在一定程度上姜堰实践成了具有较大影响的法治事件。

---

① 本书以“姜堰实践”概括人民法院运用善良风俗化解民间纠纷的实践，从严格意义上讲是不大准确的，因为姜堰市人民法院的上一级法院泰州市中级人民法院也进行了类似探索，具体可参见《人民法院报》2007 年 4 月 27 日以《引入良俗促和谐——记泰州法院利用善良风俗化解民间纠纷》为题的具体报道。本书之所以采用“姜堰实践”这种不太准确的表述，一是为了论述的方便；二是这种不太准确并不妨碍我们的理解；三是从后文的论述可以看出在运用善良风俗化解民间纠纷或者说探索民事习惯的司法运用方面姜堰市人民法院的做法是最典型的。

值得思考的是，姜堰实践为什么会成为社会各界的关注焦点？没有亮点的常规性的普通事件是无法吸引眼球的。那么什么是姜堰实践的亮点？是它触及的问题还是做法或者其他？这些问题的回答需要对姜堰实践进行事件还原和学理解读，通过还原姜堰实践的过程和具体的运作机制，从而揭示姜堰实践背后隐藏的机理，从中抽象出需要探讨的理论问题。

第一节　姜堰实践的典型性

恩格斯在《致明娜·考茨基》中曾经指出："每个人都是典型，但同时又是一定的单个人，正如老黑格尔所说的，是一个'这个'，而且应当如此。"① 黑格尔所说的"这个"，是在《精神现象学》中提出来的，黑格尔认为每一个"这个"都包含着许多"这个"，因此"这个"既是个别的，又是普遍的。恩格斯在使用"这个"的说法同时，批判了黑格尔唯心主义的理念说，把理念还原为客观存在的现实生活。进而，恩格斯认为，凡是典型，都必须是具有鲜明的个性特点和普遍的代表性（即体现一定的规律性）。据此，"姜堰实践具有典型性"这个命题必须包含两层含义：第一，姜堰实践提出的或解决的问题具有一定的普遍性，也就是说姜堰实践提出的或解决的问题不仅仅局限于姜

① 恩格斯：《致明娜·考茨基》，《马克思恩格斯文集》（第10卷），人民出版社2009年版，第544页。

堰，而是在全国较大范围甚至全国绝大部分地区都有存在；第二，在对此问题的全国性的普遍关注中，姜堰实践具有代表性。下文就从普遍性和代表性两个角度探讨姜堰实践的典型性。

一、姜堰实践所涉问题[①]的普遍性

要了解姜堰实践所涉问题的普遍性，最精确的做法就是去调查全国各级法院的具体做法，但是这种做法对笔者而言，一来由于缺乏相关的资源和渠道而可行性不高；二来成本过于高昂。为此笔者采用了虽然不大准确但大体上能够说明问题的方法——网络文献检索法：利用《人民法院报》[②]的搜索引擎。具体的做法是：在《人民法院报》的网络版的首页选择“往期回顾”，然后在“往期回顾”的“文章查询”一栏分别输入关键词“习惯”、“习俗”，选择“全部栏目”进行“开始检索”。检索到的文章经过

---

① 此处对姜堰实践所涉的问题暂时做简单化处理，即把姜堰实践所涉的问题简单化为民事审判中法律与习俗、习惯的关系，这个问题将在后文有进一步论述。

② 之所以选择《人民法院报》，主要是因为《人民法院报》是最高人民法院的机关报，也是集中反映人民法院审判工作的唯一一张全国性的报刊。作为机关报，相对而言较为权威，较为可信；作为全国性的报刊，有助于我们了解全国范围内的情况，代表性较强。另外，从《人民法院报》的办报宗旨看，报道各级法院的活动是其重要的部分，如“法院新闻”、“综合新闻”、“基层采风”、“司法调查”等栏目都较为集中地报道各级法院的司法活动以及各类探索。基于以上的原因，《人民法院报》是考察姜堰实践所涉问题较好的对象。

适当筛选后，[①]按照“标题”、“主题词”、“涉及地域”、“报道时间”列表如下（见表 1-1）。

表 1-1 《人民法院报》有关习惯、习俗等的报道和文章列表

标　题	主题词	涉及地域②	报道时间
结婚登记后举行婚礼前女方娘家陪送的嫁妆是否为夫妻共同财产	风俗习惯、陪送的嫁妆	全国性	2002 年 7 月 16 日
就《关于适用〈中华人民共和国婚姻法〉若干问题的解释（二）》答记者问	彩礼、婚嫁风俗	全国性	2003 年 12 月 27 日
把法律的理念注入乡土习俗	乡土习俗	陕西蓝田	2004 年 3 月 6 日
象山妥处“农嫁女”土地征用安置案件	习俗、农嫁女	浙江象山	2004 年 7 月 23 日
巧用交易习惯　永新区法院审“鱼案”	交易习惯	广西永新	2004 年 8 月 26 日
三岁幼女患重病久治不愈　外公竟建议按乡俗“处理”	愚昧无知的习俗	浙江宁波	2004 年 10 月 22 日
善用民俗解纷争	民族习惯	重庆秀山	2005 年 3 月 13 日
念活调解经	尊重习俗	山东德州	2005 年 9 月 27 日

---

① 在搜索到的文章中，笔者做了筛选，原则是文章必须以习惯、习俗为主题，至少是有较为密切的关系，而排除那些仅仅提到习惯、习俗但关系不大的文章。

② 在处理涉及地域时，遵循几个做法：江苏泰州民俗习惯司法运用研讨会的相关报道和理论文章都处理为江苏泰州；司法解释、作者为法学院学者的理论探讨性的文章都处理为全国性；法院工作人员为作者的文章处理为法院所在地（因为工作人员的文章基本上是对日常工作的思考，其中很多是对典型案例的思考，所以这样处理是较为合适的）；其他的报道则按文章明确指出的地域处理。

续表

标　题	主题词	涉及地域	报道时间
站在黄土高坡的思考	乡土习俗	陕西蓝田	2005 年 12 月 6 日
竹海深处促和谐——记安吉法院审理涉农案件	根深蒂固的习俗	浙江安吉	2006 年 6 月 11 日
老汉半张借条索欠债　曲靖法院运用证据规则支持民间借贷习俗	“傅别”习俗	云南曲靖	2006 年 6 月 20 日
乡村变迁,法律难题寻解	“风水”问题、习俗	四川金堂	2006 年 7 月 7 日
恶俗应该废除	恶俗	全国性	2006 年 8 月 14 日
判断公序良俗的形式标准	公序良俗	全国性	2006 年 8 月 15 日
行使自由裁量权应考虑社会风俗习惯	社会风俗习惯	广东佛山	2006 年 9 月 21 日
上虞妥处涉农案	风俗习惯	浙江上虞	2006 年 10 月 8 日
审判风水纠纷	风俗习惯	福建厦门	2006 年 11 月 17 日
彩礼猛于虎	移风易俗	云南曲靖	2007 年 1 月 13 日
姜堰运用善良风俗化解民间纠纷	善良风俗	江苏姜堰	2007 年 3 月 20 日
57 件彩礼案零上诉——姜堰法院引入善良风俗处理彩礼返还纠纷调查	善良风俗	江苏姜堰	2007 年 4 月 15 日
引入良俗促和谐——记泰州法院利用善良风俗化解民间纠纷	善良风俗	江苏泰州	2007 年 4 月 27 日
要善于利用一切和谐因素	本报评论员评江苏泰州两级法院将善良习俗引入民事裁判和执行	江苏泰州两级法院	2007 年 4 月 27 日

续表

标　题	主题词	涉及地域	报道时间
最高人民法院2007年重点调研课题中标者	关于民俗习惯在审判工作中运用的调研	江苏、江西、广东①	2007年4月30日
合理运用善良风俗　妥善化解矛盾纠纷	民俗习惯司法运用研讨会	江苏泰州	2007年8月22日
和谐司法视野下民俗习惯的运用	民俗习惯	江苏泰州	2007年8月30日
民俗习惯运用于司法的价值、可能性与限度	民俗习惯	江苏泰州	2007年8月30日
民俗习惯司法运用的理论与实践	民俗习惯司法运用研讨会	江苏泰州	2007年9月4日
善良风俗原则的司法适用——由一起继承权纠纷案件引发的思考	善良风俗	江苏苏州	2007年10月30日
棠下决狱:中国古代司法之韵	民情、风俗、习惯	全国性	2007年11月4日
推出新举措　司法为人民	泰州巧用善良风俗化解矛盾	江苏泰州	2008年1月3日
转变司法观念　尊重善良风俗　徐州贾汪巧用民俗化纷争	善良风俗	江苏徐州	2008年3月10日
残习陋俗不是违法借口	残习陋俗	河南郑州	2008年4月24日

① 该课题的主持人为江苏省高院院长公丕祥、江西省高院院长康为民、广东省高院副院长凌祈漫,为此涉及地域处理为江苏、江西、广东。

续表

标　题	主题词	涉及地域	报道时间
订婚三天女方出走部分彩礼协议退还	婚嫁习俗	云南宣威	2008年5月5日
尊重善良风俗促进老有所养	“接脚夫”①、民风民俗	福建厦门	2008年5月13日
善借民俗化纷争——记沭阳法院庙头法庭法官覃卫东	风俗民情	江苏沭阳	2008年6月3日
民商事习惯的适用规则——重庆五中院判决重庆市信心农牧科技有限公司诉重庆两江包装有限公司买卖合同纠纷抗诉案	民商事习惯	重庆	2009年2月6日
秋菊故乡:法治与乡土社会的艰难对接——陕西省陇县法院“能动主义八四司法模式”调查之一	乡村习俗	陕西陇县	2009年4月16日
农村纠纷用农民的办法解决	风俗习惯	重庆	2009年5月17日
法律是从土地中长出来的规则	“接脚夫”习俗	福建厦门	2009年7月25日
最高人民法院关于建立健全诉讼与非诉讼相衔接的矛盾纠纷解决机制的若干意见	善良风俗	全国性	2009年8月5日
农村返还彩礼纠纷的处理难度大	农村婚约习惯	江西丰城	2009年9月9日
架起民意沟通立交桥——徐州法院加强民意沟通工作纪实	民风民俗	江苏徐州	2009年9月21日
善良风俗与司法	善良风俗	全国性	2009年9月25日

① 福建闽南农村的“接脚夫”风俗:儿子去世后,家长为守寡的媳妇再找一个丈夫,招入后夫目的是为了“招夫养老”。

续表

标题	主题词	涉及地域	报道时间
习俗的法治意涵	习俗	全国性	2009年11月17日
习俗司法化功能的正当性	习俗	全国性	2009年11月17日
法官语言的语境	民间风俗习惯	江西婺源	2009年12月12日
将党的群众路线落实到具体的审判实践中——"陈燕萍工作法研讨会"综述	民俗习惯的司法运用	江苏泰州	2010年3月31日
习俗与民事司法的冲突及契合	习俗	上海市	2010年4月9日
法官调解策略之"望闻问切"	民情、习俗	河南郑州	2010年5月28日
小法庭　大作为——访兴宁市法院龙田人民法庭	习俗	广东兴宁	2010年6月17日
推进三项重点工作要把握好几个问题	习俗	河南周口	2010年7月20日
涉农案件审理中的能动司法	民风习俗	江苏盐城	2010年8月25日
红旗　陪审员陪"审"也陪"执"	乡规习俗	河南新乡	2010年8月27日

从表1-1可以看出，姜堰实践所涉问题从时间跨度上看持续了较长的一段时间，从2002年一直持续到2010年。而且可以合理地推断，这个持续的时间比上述报道反映的时间更为长久，即这个时间可以向前和向后两个方向延伸。由于《人民法院报》搜索引擎的内在局限，没有收集到2002年以前有关问题的报道，但是从《人民法院报》2003年12月27日《就〈关于适用《中华人民共和国婚姻法》若干问题的解释（二）〉答记者问》一文有

关"返还彩礼"的相关论述看,[①]在2002年之前姜堰实践所涉的问题应该是普遍存在的,2002年7月16日刊登的《结婚登记后举行婚礼前女方娘家陪送的嫁妆是否为夫妻共同财产》一文就是与此有关的案例。而且从相关数据看,这类问题之前就比较多见,如姜堰市2001年至2003年发生婚约彩礼返还纠纷诉讼的就有34件,[②]发生诉讼的就有34件,考虑到我国现实中存在的纠纷多元解决机制以及与此相关的低诉讼率,没有进入诉讼的婚约彩礼返还纠纷应该更多。为此,可以认定姜堰实践所涉问题在我国由来已久,而且姜堰实践所涉问题在短期内绝不会消失,可以预见这类问题在我国还将长期存在。

从上述文章所涉及的地域看,列表所列53篇文章除了《关于民俗习惯在审判工作中运用的调研》(最高人民法院2007年重点调研课题)涉及江苏、江西、广东等三省外,[③]有9篇涉及全

---

① 如在该文中,有"在这次公开征求意见中,涉及的问题很多。其中最受群众关注的,是关于能否要求返还彩礼的问题""彩礼,也有的地方称为聘礼、纳彩等,是中国几千年来的一种婚嫁风俗""目前,在我国广大农村,结婚给付彩礼现象仍然比较普遍"的表述,从"最受群众关注"、"几千年来"、"仍然比较普遍"大体可以看出此类问题的普遍性。可参见《就〈关于适用《中华人民共和国婚姻法》若干问题的解释(二)〉答记者问》,《人民法院报》(网络版)2003年12月27日。

② 张宽明:《57件彩礼案零上诉——姜堰法院引入善良风俗处理彩礼返还纠纷调查》,《人民法院报》(网络版)2007年4月15日。

③ 笔者认为,"关于民俗习惯在审判工作中运用的调研"这个调研课题由江苏、江西、广东等三省的法院主持这点本身在一定程度上说明问题在地域方面的广泛性和普遍性。另外,为了简单化,这里及下文统计时一律简单处理到省、直辖市。

国性的,15 篇涉及江苏,各有 4 篇涉及浙江和河南,福建、陕西、云南、重庆等各有 3 篇,各有 2 篇涉及江西和广东,上海、山东、广西、四川等各有 1 篇。也就是说在笔者收集到的 53 篇文章中,除了 9 篇涉及全国的,另外的 36 篇涉及 13 个省市。从这些数据看,姜堰实践所涉问题在我国是具有较强的普遍性的,如果考虑到那些没有报道的或者报道了而笔者没有收集到的,问题的广泛性和普遍性的程度又要更深一些。除此之外,姜堰实践所涉问题的普遍性从相关报道中也可见端倪,如《57 件彩礼案零上诉——姜堰法院引入善良风俗处理彩礼返还纠纷调查》一文开头就指出:"3 月 20 日,本报一版头条报道了江苏省姜堰市人民法院运用善良风俗化解民间纠纷的做法,在全国法院系统引起反响。目前已有 50 多家法院致函致电本报和姜堰法院,要求寄送相关资料或前往学习。"[①]50 多家法院(可以预见这一数据还会上升)的关注可以在很大程度上佐证了姜堰实践地域方面的普遍性。

另外,2007 年 3 月 20 日《人民法院报》报道《姜堰运用善良风俗化解民间纠纷——收集民俗近千条　整理资料十万字》和同年 4 月 27 日报道《引入良俗促和谐——记泰州法院利用善良风俗化解民间纠纷》都在头版头条,这本身也说明了姜堰实践所涉问题所受的关注度。

① 张宽明:《57 件彩礼案零上诉——姜堰法院引入善良风俗处理彩礼返还纠纷调查》,《人民法院报》(网络版)2007 年 4 月 15 日。

综上所述，时间的持久性和所涉地域的广泛性说明了姜堰实践所涉问题在我国具有较强的普遍性。

二、姜堰实践具有代表性

姜堰实践所涉问题的普遍性说明了我国法学界和实务界对该问题的关注和重视，在如何解决问题方面也做了很多的探索，但是在这些探索中姜堰实践无疑是最具有代表性的。姜堰实践的代表性在上文论述中已经可见一些端倪：如 50 多家法院致函致电《人民法院报》和姜堰法院要求寄送相关资料或前往学习；2007 年 8 月由《人民法院报》和江苏省高级人民法院主办的在江苏泰州举行的有关泰州和姜堰两级法院善良风俗司法运用的"民俗习惯司法运用研讨会"的召开。下文笔者将对姜堰实践的过程做一个简单的回顾，从而使读者对姜堰实践有个相对完整的了解，从中对姜堰实践的代表性有较好的理解。①

（一）姜堰实践的进程

从 2003 年开始，姜堰市人民法院对民间习俗进行了系统收集，内容涉及生活习俗、岁时礼俗、婚丧嫁娶、分家析产等民众生

① 由于缺乏实地考察姜堰实践的条件，所以本书对姜堰实践的介绍更多地依靠二手资料，其中以汤建国、高其才主编的《习惯在民事审判中的运用——江苏省姜堰市人民法院的实践》一书中的相关内容为主要分析材料。可参见汤建国、高其才主编：《习惯在民事审判中的运用——江苏省姜堰市人民法院的实践》，人民法院出版社 2008 年版。

活的方方面面，收集了民俗近千条，从中整理资料十万字。[①] 这可视为第一阶段，即资料收集整理阶段，这是基础性的工作，为后来的工作奠定了较好的基础。

2004 年 10 月 28 日姜堰市人民法院审判委员会讨论通过的《关于将善良风俗引入民事审判工作的指导意见一[婚约返还彩礼]》可以视为在司法审判中运用民事习惯开始的标志。[②] 2005 年 12 月 22 日，姜堰市人民法院审判委员会讨论通过了《关于将善良风俗引入民事审判工作的指导意见二[赡养]》；2007 年 2 月 6 日，姜堰市人民法院审判委员会讨论通过了《关于将善良风俗引入民事审判工作的指导意见（试行）》和《关于将善良风俗引入民事审判工作的指导意见三[分割家庭共有财产]》；2007 年 4 月 3 日姜堰市人民法院审判委员会讨论通过的《关于将善良风俗

① 可参见张宽明：《姜堰运用善良风俗化解民间纠纷》，《人民法院报》（网络版）2007 年 3 月 20 日；另可参见《姜堰民俗习惯风情录》，汤建国、高其才主编：《习惯在民事审判中的运用——江苏省姜堰市人民法院的实践》，人民法院出版社 2008 年版，第 256—288 页。

② 当然从文献中可以看出，姜堰市人民法院在 2003 年已经有运用民间习俗认定接收彩礼、彩金的事实成立的案例，只不过这个案例是运用民间习俗解决事实认定问题。可参见《运用民间习俗认定接收彩礼、彩金的事实成立》（姜堰市人民法院（2003）姜法民初字第 482 号民事案件），汤建国、高其才主编：《习惯在民事审判中的运用——江苏省姜堰市人民法院的实践》，人民法院出版社 2008 年版，第 47—48 页。

引入民事审判工作的指导意见四[商事]》将范围扩大到商事审判；[①]2007年3月16日通过的《关于将善良风俗引入民事审判工作的指导意见五[执行]》和2007年6月1日通过的《关于将善良风俗引入民事审判工作的指导意见六[保密]》则将探索范围扩大至广义的民事审判即执行和相关事项中。见表1-2。

表1-2 姜堰市人民法院的七个规范性指导意见的主要内容和时间

文件	主要内容	时间
关于将善良风俗引入民事审判工作的指导意见一	婚约彩礼返还比例	2004年10月28日
关于将善良风俗引入民事审判工作的指导意见二	赡养费给付标准和方式	2005年12月22日
关于将善良风俗引入民事审判工作的指导意见(试行)	总则	2007年2月6日
关于将善良风俗引入民事审判工作的指导意见三	分割家庭共有财产方法	2007年2月6日
关于将善良风俗引入民事审判工作的指导意见四	界碑、垫归、借据、学艺等	2007年4月3日

① 仔细阅读《关于将善良风俗引入民事审判工作的指导意见四[商事]》规定的内容，可以发现虽然名为“商事”，但主要内容还是“民事”，如第一条关于“枸杞当‘界碑’”的规定、第三条关于搬迁日期的规定、第四条关于借条的规定、第五条关于合同的规定、第六条关于拜师学艺的规定很难说是属于“商事”的范畴，所以这里可能会有“词”与“物”的关系问题，当然这也与民事和商事分界线固有的模糊性有关。具体可参见《关于将善良风俗引入民事审判工作的指导意见四[商事]》，汤建国、高其才主编：《习惯在民事审判中的运用——江苏省姜堰市人民法院的实践》，人民法院出版社2008年版，第34—35页。

续表

文　件	主要内容	时　间
关于将善良风俗引入民事审判工作的指导意见五	执行中的习俗	2007 年 3 月 16 日[①]
关于将善良风俗引入民事审判工作的指导意见六	民事调解协议保密	2007 年 6 月 1 日

2007 年以后为第三阶段，这个阶段主要是推广、研讨总结阶段。江苏省泰州市中级人民法院在 2007 年 6 月两次召集审判委员会全体会议讨论通过了《关于民事审判运用善良习俗的若干意见(试行)》，并从 2007 年 7 月 1 日起试行；江苏省高级人民法院在全省范围内对姜堰市人民法院习惯法在民事审判中适用的做法进行了宣传和推广；姜堰市人民法院善良习俗司法运用的实践也引起了媒体和学者的关注，前述的《人民法院报》的报道和"民俗习惯司法运用研讨会"的召开是集中体现。[②]

(二)为什么说姜堰实践具有代表性

上文已经简要介绍了姜堰实践的历程，这为探讨接下来的问题奠定了基础。结合上文对姜堰实践所涉问题普遍性的论

① 值得注意的是，关于将善良风俗引入民事审判工作的指导意见"四"和"五"的时间是"五"在前而"四"在后，跟一般的排序有些差异，具体原因在笔者的阅读范围内尚未发现，这可能需要当事人的陈述。

② 可参见孔凡文：《善良习俗在民事审判中运用的实践》，汤建国、高其才主编：《习惯在民事审判中的运用——江苏省姜堰市人民法院的实践》，人民法院出版社 2008 年版，第 97 页。

述，接下来要探讨这么一个问题：全国各级法院和法学界都在关注和探讨姜堰实践所涉的问题，为什么或凭什么说姜堰实践是其中最具代表性的？对这个问题的回答可以从以下几个角度入手。

首先，从持续的时间看，姜堰实践的持久性是少见的。从上文有关姜堰实践的进程看可以发现，姜堰实践从2003年起一直持续到现在，中间几乎没有隔断，姜堰实践对问题的关注和探索是一直持续的。可以说，姜堰实践的探索已经成为姜堰市人民法院的常规工作。这与别的单位的偶尔的、断断续续的探索有明显不同。所以从时间的角度看，姜堰实践是具有代表性的。

其次，姜堰实践的探索具有较强的规范性。就像上文所说的，姜堰实践过程中制定和公布了七个规范性指导意见，对婚约返还彩礼、赡养、分割家庭共有财产、“商事”(就内容而言更多的属于民事)、执行、保密等方面的工作进行规范，确定了彩礼返还的基数、赡养费给付的标准和方式、家庭共有财产的分割等方面的裁判依据。总体而言，由于有规范性指导意见作为依据，姜堰实践的探索就比较规范，相对而言就显得较为正式。

再次，姜堰实践的探索具有科学性。由于持续时间较长，所以姜堰实践的探索具有时间方面的保障，为此能够有条不紊地进行而不是一蹴而就。较为充分的调研和相对充分的前期准备也使得姜堰实践较有针对性，也能保证成效，如选择在当地较为普遍和纠纷较多从而影响较大的婚约返还彩礼作为实践的切入点和突破口，从效果而言就比较成功。值得注意的是，七个规范性指导意见的出台时间(先后顺序)也较为科学。其中最值得关注的是《关于将善良风俗引入民事审判工作的指导意见(试行)》出台的时间是在2007年2月6日。在七个规范性指导意见中,《关于将善良风俗引入民事审判工作的指导意见(试行)》是“总则性”的、全局性的,却不是最早颁布的,而是在第一个规范性指导意见实施将近三年以后颁布。虽然这与一般的做法(先公布总则性的,再陆续制定具体性的)不一样,但是它符合“特殊——一般—特殊”的思维规律,这与人类的有限理性是相符合的。姜堰实践采用的方法是:从具体的“个案”出发,不断地试错,最终总结出一般的规律,然后在具体领域中应用规律。这种务实的做法能在很大程度上保证实践的有效性。

最后,姜堰实践引起的较好的和较大的社会反响也在一定程度上说明姜堰实践的探索具有一定的代表性。姜堰实践的社会反响上文已经多处提到,这里不再赘述。

综上所述,时间的持久性、较强的规范性、运作的科学性以及较大的社会反响,使得姜堰实践成为具有代表性的探索。作为典型性事件的姜堰实践的意义绝不限于事件本身,为此对姜堰实践进行学理解读和理论研究是不无意义的。

第二节 姜堰实践原因分析
——以“指导意见”[①]为分析重点

上文已经从普遍性和代表性两个角度探讨了姜堰实践的典型性，但是对姜堰实践所涉问题做了简单化处理。下文将详细探讨的是，姜堰实践所涉及和探索的到底是什么问题？而要回答这个问题，首先要探讨姜堰实践的原因，也就是姜堰实践要解决的问题。然后才能在此基础上对姜堰实践所涉问题进行法理分析。

为什么要进行将习惯(善良风俗)引入民事审判的探索？对这个问题的回答有助于理解姜堰实践的意义。由于笔者没有实地考察姜堰实践的条件，所以在研究时更多地依靠二手资料。这样的做法虽然有所遗憾或者不足，但是只要能够较好地利用二手材料，并用各种数据进行佐证，从而在最大程度上保证本书一些判断和结论具有说服力，这样应该就能把(仅用二手数据的)遗憾或者不足降到最低限度。

“当代以成文法为主流的现代社会，法律对社会生活的覆盖面已经非常广泛，但是法律具有滞后性，不可能面面俱到、调控自如，而善良风俗作为一种乡土文化在我国大部分农村还大量

① “指导意见”是上文所提到的姜堰实践中姜堰市人民法院通过的七个规范性指导意见的简称。

地存在。当国家法对乡土社会的调整存在一定的难度和不足时，在一定条件下适用善良风俗，可以弥补国家法的适用缺陷。”“将民间善良风俗引入民事审判工作，……能够较好地实现‘案结事了、定纷止争、息事宁人’的司法目标。”[①]这段话较为集中地体现了姜堰实践把善良风俗引入民事审判的初衷和试图达到的目的。众所周知，近几年来我国各级人民法院都高度强调“司法为民”这个主题。在司法为民的大背景下，案结事不了成为司法系统普遍关注的问题。[②] 在姜堰实践者的逻辑中，法律的固有缺陷是案结事不了的一个重要原因，善良风俗入判则是克服法律缺陷以达到案结事了的一剂良药。

之所以进行将善良风俗引入有关婚约返还彩礼民事审判工作的探索，是基于婚约关系受当地传统文化、风俗习惯的影响，具有身份性、伦理性和习俗性的特点，但是我国的法律和司法解释对此又没有明确具体的规定。对此，有学者曾分析原因，认为“婚约财产纠纷案件，关键在于法律的规定要么太超前，跟农村老百姓的日常观念和生产生活方面的风俗习惯相差太远，要么

① 《〈关于将善良风俗引入民事审判工作的指导意见（试行）〉的说明》，汤建国、高其才主编：《习惯在民事审判中的运用——江苏省姜堰市人民法院的实践》，人民法院出版社 2008 年版，第 9 页。

② 笔者用谷歌搜索“案结事了”获得约 324000 条结果，用百度搜索找到相关网页约 1310000 篇；谷歌搜索“案结事不了”获得约 10800000 条结果，百度搜索找到相关网页约 83800 篇，虽然搜索结果有所重复，但这么多的搜索结果在很大程度上能够说明“案结事（不）了”问题所受的关注度。

就是规定太笼统甚至根本没有相关的规定，实践中无法具体操作"[①]。为此造成在司法实践中彩礼返还比例较为悬殊，如姜堰市人民法院自2001年以来，判决返还礼金最低的比例为32%，最高的比例100%，同一法院判决返还彩礼的比例相差68%。2003年4月20日，对某女方收受礼金18000元，姜堰市法院判决其返还5600元，比例为32%；同年9月23日，对另一个女方收受礼金12600元，判决其返还7000元，比例为56%。同一法院在同年度，判决返还比例相差24%。[②] 同案不同判导致当事人感觉不公平，正如张卫平指出的，"同案同判"已经成为人们判断司法是否公正的一个"默认点"，人们不能容忍同案不同判的结果。[③] 姜堰市人民法院在司法实践中遇到的问题也在一定程度上说明了这点，据报道，当事人对裁判结果不满意，拿着判决书问姜堰市人民法院院长汤建国："同样的彩礼纠纷，判决返还的比例为什么相差这么大？按我们民间习俗，只有女方反悔婚约才返还彩礼，男方反悔婚约，女方家不返还彩礼。现在是男方反悔，为什么还要女方返还这么多？"[④]退得少的就有不同程度

---

① 高其才等：《乡土司法》，法律出版社2009年版，第329页。

② 可参见《〈关于将善良风俗引入民事审判工作的指导意见一[婚约返还彩礼]〉的说明》，汤建国、高其才主编：《习惯在民事审判中的运用——江苏省姜堰市人民法院的实践》，人民法院出版社2008年版，第16页。

③ 张卫平：《司法统一：实然与应然》，《人民法院报》（网络版）2003年1月23日。

④ 参见张宽明：《姜堰运用善良风俗化解民间纠纷》，《人民法院报》（网络版）2007年3月20日。

的相对剥夺感，[1]同案不同判给当事人带来的司法不公感是案结事不了的重要原因。面对我国有关婚约立法的现状，坚持习惯的当事人开始规避法律，如姜堰市人民法院法官在调查中就发现旨在规避法律，从而迎合习惯的两份自愿书。

自愿书

立自愿书人M1，住姜堰市B镇D村E组，经红娘牵线搭桥与F市G乡H村四组J1，双方自愿同意订婚，订婚时，由男方给女方彩礼钱8800元，三金折3000元，合计壹万壹仟捌百元正。如男方反悔，以上所用费用一切自负。如女方反悔，男方订婚所用费用一共壹万壹仟捌百元正，由女方返还给男方。

立自愿书人：M1
介绍人：S1、Z1、L2
2000年10月3日

① “相对剥夺感”是美国社会学家斯托弗于1949年在《美国士兵》一书中首先提出来的，他在研究第二次世界大战期间士兵的士气和晋升的关系时，发现士兵不是依据绝对的、客观的标准来评价他们在生活中所处的位置，而是根据他们相对于周围的人所处的位置来评价。后来社会学家墨顿在《社会理论与社会结构》一书加以系统阐释，它是指个体或群体对于自身相对状况所持的态度，是一种主观的心理感受。“相对剥夺感”理论被广泛应用于社会不平等态度研究。用这种理论来说明和解释当事人对于同案不同判的感受是较为恰当的。

自愿书

立自愿书人J1,住F市G乡H村四组J1,经红娘牵线搭桥与姜堰市B镇D村E组M1,双方自愿同意订婚,订婚时,由男方给女方彩礼钱8800元,三金折3000元,合计壹万壹仟捌百元正。如男方反悔,以上所用费用一切自负。如女方反悔,男方订婚所用费用一共壹万壹仟捌百元正,由女方返还给男方。

立自愿书人:J1

介绍人:S1、Z1、L2

2000年10月3日[①]

再看将善良风俗引入有关赡养民事审判工作的探索。从《〈关于将善良风俗引入民事审判工作的指导意见二[赡养]〉的说明》可以看出,之所以要将善良风俗引入赡养民事案件,主要原因是,一方面我国农村存在大量的有关赡养的民事习惯,而且这些民事习惯在当地是普遍适用的;另一方面我国的法律如《婚姻法》和《老年人权益保障法》以及相关的司法解释对如何赡养规定得很不明确,为此在司法审判实践中造成同案不同判。另外,在我国农村大部分地区存在的"出嫁女不承担赡养义务"的习惯,这与我国法律是相冲突的。在姜堰市人民法院的几个案

① 张宏扬:《基层法院中的法律与习惯——姜堰市人民法院对婚约财产纠纷的处理(2000—2007)》,汤建国、高其才主编:《习惯在民事审判中的运用——江苏省姜堰市人民法院的实践》,人民法院出版社2008年版,第144页。

件中都出现了这个情况，如姜堰市人民法院(2007)姜法初字第0177号民事案件、姜堰市人民法院(2007)姜法民初字第0014号民事案件、姜堰市人民法院(2004)姜法民初字第228号民事案件、姜堰市人民法院(2003)姜法民初字第37号民事案件等。[①]这些案子中都涉及"儿子与女儿应当平均承担赡养费用"的国家制定法和"嫁女如泼水，女儿不承担赡养义务"的民间习惯的冲突与妥协。

再看姜堰实践在分割家庭共有财产方面的探索。从《〈关于将善良风俗引入民事审判工作的指导意见三[分割家庭共有财产]〉的说明》可以看出，我国法律及其司法解释对于分割家庭共有财产规定得很不明确，[②]对于家庭共有财产分割中的很多问题都没有规定，而在实践中却存在大量的习惯可资利用，而这些风俗习惯的利用对促进社会和家庭的和谐是有利的。如姜堰实践中发现的共有房屋分割中的长子分得房屋的东首(即房屋的上首)和共有人拆屋时"拆屋留山"[③]，家庭财产中的家神柜一般

① 《抚养、赡养及扶养》，汤建国、高其才主编：《习惯在民事审判中的运用——江苏省姜堰市人民法院的实践》，人民法院出版社2008年版，第56—58页。

② 最高人民法院《关于贯彻执行〈民法通则〉若干问题的意见》第90条规定，在共同共有关系终止时，对共有财产的分割，有协议的，按协议处理；没有协议的，应当根据等份原则处理，并且考虑共有人对共有财产的贡献大小，适当照顾共有人生产、生活的实际需要等情况。

③ "拆屋留山"是指分得同一幢房屋的任何一方在拆自家房屋时必须把自家房屋和另一方相邻的山墙(指人字形屋顶的房屋两侧的墙角，也叫房山)留下，不能把它也拆了。

分给长子,大银杏树分给长子等习俗。① 这些习俗对于弥补法律规定不够明确的不足具有较好的作用。

把视角转向将善良风俗引入商事审判工作的探索。从《关于将善良风俗引入民事审判工作的指导意见四[商事]》和《〈关于将善良风俗引入民事审判工作的指导意见四[商事]〉的说明》的具体内容来看,正如前文已指出的,这里虽然冠以“商事”,但主要内容还是属于民事范畴。从内容上看,吸收习俗或者民间习惯做法进审判从而弥补法律规定不够明确的不足是探索的主要内容。具体说来,考虑到相关法律规定得过于抽象、原则,导致在司法实践中缺乏具体性的具有可操作性的指导,为此在实践中尝试运用在“民间”生活中存在由来已久的习俗,使审判结果在合法的前提下更适应民众的需求,达到社会效果与法律效果的统一。如“枸杞当‘界碑’”虽然法律上没有规定,但是并没有违反法律,而且枸杞作为体积小、生命力较强的植物,其作为界碑既方便又不占地,所以枸杞作为确定农户间土地的分界线得到普遍认可,在姜堰市上河地区已由来已久,为此民众认可度也较高。另外第三条的有关当事人迁坟和房屋搬迁的日期的规

① 可参见《关于将善良风俗引入民事审判工作的指导意见三[分割家庭共有财产]》之第四条,汤建国、高其才主编:《习惯在民事审判中的运用——江苏省姜堰市人民法院的实践》,人民法院出版社 2008 年版,第 28—29 页。另可参见《分家析产及继承》,汤建国、高其才主编:《习惯在民事审判中的运用——江苏省姜堰市人民法院的实践》,人民法院出版社 2008 年版,第 52 页。姜堰市在分家析产上存在分房讲究“哥东弟西”(左首为大),“老大得柜,老二得桌子”等习惯性做法。

定，虽然法律上没有相关具体规定，但民间通常认为大寒至立春间均为吉祥之日，无论哪一天均可动土搬迁，所以姜堰实践充分考虑当地民众习俗，规定“涉及当事人迁移祖坟以及房屋乔迁时，如临近大寒日，判决或调解确定搬迁日期时，应尽量放在大寒日之后”，这一方面不违反法律的规定，另一方面符合老百姓的心理需求，这样能使判决得到自觉履行。[①]

最后，把眼光转向将善良风俗引入执行工作的探索。[②] 执行具有强制性，但是强制性不等于否定适当地柔性化，更不等于否定人性化。反之，只有强调人性化的执行才能得到当事人以及群众的认可。人性化可以表现为不同的维度，而其中一个重要的维度是尊重与民众日常事务、实际生活密切相连，得到一定地区内人们的普遍公认的习惯。从姜堰市人民法院实践中可以发现，违背或触犯民众习俗的执行会招致被执行人的反抗，不能

---

① 可参见《关于将善良风俗引入民事审判工作的指导意见四[商事]》，汤建国、高其才主编：《习惯在民事审判中的运用——江苏省姜堰市人民法院的实践》，人民法院出版社2008年版，第35页。另外从姜堰市人民法院审理的具体案件看，也有用习俗来解决纠纷的例子，如姜堰市人民法院(2006)姜法民初字第0424号民事案件就利用了当地民众普遍认可的“苗猪三天不吃食应当由卖方承担责任”的习俗。具体参见《交易习惯》，汤建国、高其才主编：《习惯在民事审判中的运用——江苏省姜堰市人民法院的实践》，人民法院出版社2008年版，第69页。

② 姜堰实践的“指导意见”还有《关于将善良风俗引入民事审判工作的指导意见六[保密]》，这也是最后一个，但从内容看最后一个指导意见与本书论述的主题关联度不大，为此不予论述。

达到良好的效果。[①] 如据报道，2004 年，泰州某基层法院在执行一起离婚析产案件时，仅为一只马桶，遭到当地近百名村民的阻挠，执行人员被围困两个多小时。一只马桶在市场上仅卖 100 块钱，为什么在执行时会遇到如此大的阻力？原来，法院的判决和执行触动了当地的一个习俗。当地女儿出嫁，总得陪上“三圆一响”，这“三圆”中有“一圆”叫做“子孙桶”（实则就是马桶），寓意子子孙孙繁衍生息、人丁兴旺。在当地农村，这种风俗延续至今，“子孙桶”寓意世代传承。所以，谁从男方家拿走“子孙桶”，就意味着男方家要断子绝孙。[②] 由此，姜堰实践的探索在执行时确立了被执行人祭祀物品执行豁免原则（指导意见五第一条）、特殊被执行人不实施拘留措施原则（指导意见五第二条）、节假日不上门执行原则（指导意见五第三条）、法律文书张贴原则（指导意见五第四条）等充分考虑当地习俗的执行原则。[③]

① 可参见《执行》，汤建国、高其才主编：《习惯在民事审判中的运用——江苏省姜堰市人民法院的实践》，人民法院出版社 2008 年版，第 75 页。在姜堰市人民法院 2005 年 12 月 1 日执行活动中，执行人员将执行通知等法律文书张贴在被执行人的大门对联上，招致被执行人的不满（当地习俗：白纸贴在门上意味着家中死人），为此导致了暴力阻止执行案件的发生。

② 张宽明：《引入良俗促和谐——记泰州法院利用善良风俗化解民间纠纷》，《人民法院报》（网络版）2007 年 4 月 27 日。

③ 具体规定可参见《关于将善良风俗引入民事审判工作的指导意见五[执行]》，汤建国、高其才主编：《习惯在民事审判中的运用——江苏省姜堰市人民法院的实践》，人民法院出版社 2008 年版，第 37 页；相关规定的具体论述可参见该书第 39—41 页《〈关于将善良风俗引入民事审判工作的指导意见五[执行]〉的说明》。

综合以上的分析可以看出，由于各种原因，法律在具体的司法运用中具有各种各样的缺陷，在实践中容易造成不好的社会效果，而习惯相对而言存在时间较长，由来已久，为此民众认可度较高，据此做出的裁判民众也易于接受，易于执行；另外习惯/习俗具有相对具体的特点，能够较好地弥补法律不够明确的缺陷。简单说来，利用习惯/习俗来弥补法律的缺陷，达到较好的社会效果，追求法律效果和社会效果的统一，更好地实现“案结事了”是姜堰实践的初衷和所要达到的目标。

第三节　姜堰实践所涉问题：法律与习惯

对具有典型性的姜堰实践的解读可以有很多视角和维度，也可以得出不同的观点和结论。这点在全面介绍姜堰实践的《习惯在民事审判中的运用——江苏省姜堰市人民法院的实践》一书中可以得到印证，如在该书第三篇“社会反响”的“专家评说”部分，可以发现不同的学者对姜堰实践的解读有较大的不同，其中最明显的是关注焦点的差异，如有的关注习惯的司法适用的具体问题，如李浩关注民间习俗引入审判的程序问题（《民间习俗引入审判的程序问题》），眭鸿明关注民俗习惯的调查和确认（《民俗习惯调查和确认》），马荣关注民俗习惯进入司法的路径（《把民俗习惯引入司法的路径》），等；有的则关注民事习惯进入司法与法官的问题，如张镭关注民事习惯的司法运用与法官的释明权问题（《法官应当运用释明权》），田成有指出民事习惯司法运用要求具有多元、开放、务实眼光的法官(《具有多元、开放、务实眼光的法官》),杜豫苏则关注民事习惯的司法运用与法官职责的问题(《法官职责与民俗在司法中的运用》),等;还有的关注视角则较为宏观,如高其才从法治、礼治与融治的角度来评价(《法治、礼治与融治》),范愉则从民众常识与法律的融合角度来分析(《民众常识与法律的融合》),谢晖则从反思我国司法的能动性角度来关注(《反思我国司法的能动性》),等。[①] 简单说来,可以发现视角的选择或者是关注焦点的确定主要与学者本身的理论旨趣和知识背景有关。

与上述学者关注的焦点不同的是,本书对姜堰实践的解读着重于"法律"和"习惯"这两个关键词。从姜堰实践原因可以发现,法律与习惯的关系是贯穿姜堰实践的一条主线,在很大程度上可以说,姜堰实践就是用民间习惯来弥补法律的局限性的司法实践的探索;另外,运用习惯来弥补法律的不足是姜堰实践的主要目的,姜堰实践通过习惯的司法运用来克服或减轻法律的局限性。为此,不管是从姜堰实践的原因还是目的来看,习惯与法律的关系与姜堰实践密切相关。

从"法律"和"习惯"关注姜堰实践,主要探讨的是以下问题:

---

① 上述提及的学者的观点都是这些学者在"民俗习惯司法运用研讨会"(该会由《人民法院报》和江苏省高级人民法院主办,于2007年8月21日至22日在江苏泰州举行)上的发言,具体发言稿可参见汤建国、高其才主编:《习惯在民事审判中的运用——江苏省姜堰市人民法院的实践》,人民法院出版社2008年版,第208—238页。

习惯为什么能够弥补法律的局限性？习惯能在何种程度上弥补法律的局限性？对于这些问题，姜堰实践实际上已经做了一定程度的回答，但是这种回答带有很强的实用主义的色彩，较为功利。为此，一方面由于过于强调具体问题的解决从而侧重于实务层面的注重操作性的探讨；另一方面，这种侧重实用的操作性的探讨明显缺乏反思意识。具体说来，姜堰实践对上述问题的回答更侧重于“如何”通过习惯司法运用弥补法律的局限性问题，而忽视对这种弥补限度的反思性的思考。姜堰实践本身是司法实践的探索，对习惯本身缺乏理论上的关注和探索。

对法律与习惯的探索，可以把重心放在法律上，也可以把重心放在习惯上，还可以把重心放在法律与习惯的“关系”上。就目前的研究而言，研究法律局限性的成果已经较多，研究法律与习惯(法)关系的成果也不少，但是，专门研究习惯的生发机制、效力来源及其局限性的并不多见。对“习惯为什么有力量”以及“习惯力量的限度”问题的系统性的理论研究还比较少见。

基于我国关于这个问题的研究现状，虽然关注的同样是法律与习惯的问题，但是本书的研究重心却是对习惯“本身”的思考，是对习惯力量的多角度的研究，是对习惯生发机制、习惯运行机制、习惯执行体系等的研究，这对于法律与习惯关系的问题而言是更为基础性的。所以，在很大程度上说，本书的重心在于为探讨法律与习惯关系的问题做理论上的铺垫，“如何”处理法律与习惯的关系问题在本书中不作为重点，而只是在最后一章有所涉及。

第二章　习惯为什么有力量

姜堰实践试图通过在民事审判中引入习惯，发挥习惯的力量以弥补法律的不足。但是现有的研究对于习惯具体的运作机制、深层机理、力量来源并没有论及，而这些问题基本可以归结为“习惯为什么有力量”及与此密切相关的问题。对这个问题的回答无疑有助于对习惯本身的理解，但是其意义绝不仅仅限于此，对这个问题的探讨还有助于更好地理解法律，理解道德、宗教等其他社会规范，以及理解由社会规范所支撑的社会秩序。

在本章中，围绕“习惯为什么有力量”这个核心问题，首先将介绍有关习惯的现有研究状况并对现有研究的研究进路和视角进行评析，从而得出本章的研究视角和研究进路。其次，将运用多元的理论资源多视角地探讨“习惯为什么有力量”这个问题。最后，将分析“习惯不确定吗?”这个命题。

第一节　研究内容界定及其研究视角

习惯是个多义词，从字典来看，习惯的含义有：由于重复或多次练习而巩固下来的并变成需要的行动方式；经过不断实践，已能适应新情况；在长时期里逐渐养成的、一时不容易改变的行为、倾向或社会风尚。[①] 就法学意义上的习惯而言，习惯、习俗、习惯法和民间法等相近词及其混用又使习惯这个概念复杂化，基于这种情况，对本书研究的习惯做一个界定无疑是必须的。

一、本书所研究的习惯界说

哈特在其名著《法律的概念》中把“什么是法律”称为“经久不绝的问题”，并感慨“在与人类社会有关的问题中，没有几个像‘什么是法律’这个问题一样，如此反反复复地被提出来并且由严肃的思想家们用形形色色的、奇特的甚至反论的方式予以回答”[②]。如果比较习惯和法律的话，习惯涉及的面更广，表现形态更加多元。如博登海默就指出，习惯乃是为不同阶级或各种群体所普遍遵守的行动习惯或行为模式。它们所涉及的可能是

---

① 可参见中国社会科学院语言研究所词典编辑室：《现代汉语词典》，商务印书馆 1999 年版，第 1458 页；《辞海》（上），上海辞书出版社 1989 年版，第 248 页。

② ［英］哈特：《法律的概念》，张文显等译，中国大百科全书出版社 1996 年版，第 1 页。

服饰、礼节或围绕有关出生、结婚、死亡等生活重大事件的仪式。它们也可能与达成交易或履行债务有关。每个社会都有一些与社会生活中不太重要的方面相关的习惯。可能还有其他种类的习惯。① 梁治平用来描述民间法的一系列排比句同样适用于习惯：它可能是家族的，也可以是民族的；可能见诸文学，也可能口耳相传；它们或是人为创造，或是自然生成；或有明确的规则，或表现为富有弹性的规范；其实施可能由特定的人负责，也可能依靠公众舆论或某种微妙的心理机制。……其效力小至一村一镇，大至一县一省。② 基于习惯的多元性和复杂性，回答“什么是习惯”的难度就可想而知了，“那么时间究竟是什么？没有人问我，我倒清楚，有人问我，我想说明，便茫然不解了”③。圣奥古斯丁关于时间的感慨同样可以用于习惯。习惯界定之困难还在于习惯在日常生活中虽然默默无闻但是还是为人所熟悉的。④ 霍贝尔在谈“什么是法”时说，要寻找一个适合的法律定

① [美]E.博登海默：《法理学：法律哲学和方法》，邓正来译，中国政法大学出版社1999年版，第379页。

② 梁治平：《清代习惯法：社会与国家》，中国政法大学出版社1996年版，第36页。

③ [古罗马]奥古斯丁：《忏悔录》，周士良译，商务印书馆1963年版，第242页。

④ 这个道理可用《韩非子·外储说左上》中的一则故事来说明：客有为齐王画者，齐王问曰：“画，孰最难者？”客曰：“犬马最难。”齐王曰：“孰易者？”客曰：“鬼魅最易。”齐王曰：“何为？”客曰：“夫犬马，人所知也，旦暮罄于前，不可类也，故难；鬼魅无形者，不罄于前，故易之也。”狗、马是人们所熟悉的，早晚都出现在你面前，不可仅仅画得相似而已，所以难画；鬼怪是无形的，不会出现在人们面前，所以容易画。

义像寻找圣杯①一样难。② 给习惯寻找一个适合的定义的难度相比于法律而言是有过之而无不及的。

以上的论述表明，由于习惯的多元性和复杂性，习惯千差万别，异彩纷呈，所以界定习惯具有较大的困难。③ 如何界定本书研究的习惯就成为问题。卢埃林有关界定法律概念的困难的论述是富有启发意义的：界定所有“法律”概念是困难的，因为这个概念中有太多的内容需要涵摄，而这些内容之间又存在难以置信的差异。……对于这个概念，我对其的了解总是建立在一定的目的之上的。④ 相比于法律的概念，习惯涵摄的内容更多，内容之间的差异更大，所以界定的目的也许是在考虑如何界定习惯这个问题时应该考虑的主要问题。本书界定习惯的目的在于澄清和限定本书的研究范围，基于此，接受目前关于习惯的共识性概念，然后指出习惯与习惯法、习惯与习俗等相近概念的关系

① 圣杯(Holy Grail)：中世纪传说中耶稣在最后的晚餐时所用的杯，比喻人们长期梦寐以求的东西。法律定义的困难从下面一个细节可见一斑：《韦伯斯特大辞典》(第二版)“法律”词包含6个词条，而仅第一个词条下就有13种含义。

② [美]霍贝尔：《原始人的法》，严存生等译，法律出版社2006年版，第17页。

③ 习惯的范围之广令人惊讶，“没有哪个人种学家曾经找到一条途径，能够将某一许多人参与研究的文化的所有风俗习惯全部罗列出来。一般说来，人们认为不存在简单得可以将其全部内容罗列出来的文化”。参见[意]巴蒂斯塔·莫迪恩：《哲学人类学》，李树琴等译，黑龙江人民出版社2005年版，第121页。

④ [美]卡尔·N.卢埃林：《现实主义法理学——引领未来》，朱文博译，冯玉军主编：《美国法律思想经典》，法律出版社2008年版，第80页。

基本上就能满足本书的要求。

博登海默认为，习惯乃是为不同阶级或各种群体所普遍遵守的行动习惯或行为模式。① 周长龄认为，习惯通常是指人们在长期的生产和生活中，自然形成，逐渐养成，或由于重复和练习而巩固下来的某种行为方式和生活准则。它表现在个人或群体的行为所依据的惯例、风俗、礼仪等各个方面。这里所论及的习惯是法学意义上的，即以人们的社会关系为调节对象，并具有普遍约束力的社会惯例，也即属于社会规范之例的，并非仅对个人有约束的生活习惯。② 我国学者周赟对习惯有较长的一段论述，从法社会学、法文化学视角观之，所谓习惯，是指对一定范围内之社会主体所表现出来的一种行为模式或心理模式的客观描述。习惯之为行为模式，系指习惯自外而言是对主体表现出来的一种比较普遍且反复的言行模式的客观描述，至于这种模式是出于何种原因（如传统、权威或其他）而形成以及该模式是否具有规范意义则在所不问；习惯之为心理模式，则指习惯自内而言是对主体在思维上所表现出来的一种倾向性或惯常性模式的客观描述，同样的，这种描述亦不关注模式之成因及其是否具有规范意义。③ 可以看出，以上三个概念基本上是一致的。值得

① ［美］E. 博登海默：《法理学：法律哲学和方法》，邓正来译，中国政法大学出版社 1999 年版，第 379 页。

② 周长龄：《法律的起源》，中国人民公安大学出版社 1997 年版，第 126 页。

③ 周赟：《论习惯与习惯法》，谢晖、陈金钊主编：《民间法》（第三卷），山东人民出版社 2004 年版，第 84 页。

注意的是，周长龄对习惯的界定强调的是“法学意义上的”，周赟强调对习惯的界定是采用“法社会学、法文化学视角”，博登海默虽然没有明确指出，但从上下文语境[①]上看也是在“法学”意义上论述的。也就是说，三个人的论述不仅观点基本上一致，研究习惯的视角也基本一致。所以三人所指出的习惯仅仅是习惯中的一部分，即主要是作为调整人与人之间关系的社会规范的部分。因为习惯除了调整社会关系的习惯以外，还有一些并不调整社会关系的习惯即一些私人性的习惯，如左撇子或一些生活习惯。本书主要研究的也是作为社会规范意义上的习惯，对于一些纯粹的私人习惯不予研究。

二、习惯、习俗、习惯法与民间法

（一）习惯与习俗

著名的经济学家韦森是较为系统地研究习惯和习俗的学者。在他看来，习惯与习俗，是两个密切相连与相互交叉但又有各自明确规定性的概念。他认为，正是由于两者密切相关而又难解难分，以至于17世纪的英国哲学家休谟区分不开两者。他指出，我国几乎所有法学翻译文献如贺卫方等人译的《法律与革命》、蒋兆康译的《法律的经济学分析》和邓正来译的《自由秩序

① 博登海默的相关论述是在《法理学：法律哲学和方法》的第十三章“法律——与其他社会控制力量的区别”第六十三节“法律与习惯”部分。

原理》都把 custom 误译为“习惯”。[①] 韦森把社会制序理解为从个人的习惯到群体的习俗的过程，并认为习惯相对的英文单词有两个：一个是 habit，另一个是 usage，habit 应该更精确地被理解为个人的习性，usage 则应该被理解为“惯行”。而一般译为“习惯”的“custom”，韦森认为应译为习俗。[②] 在韦森看来，usage（习惯）是个人的习惯，是社会制序的自发型构与演进和变迁的基础和逻辑起点，它不断地向作为社会群体的行为模式之复制的习俗进行“推进”与“转化”。

韦森的看法与传统的看法有较大的差异，由于笔者水平有限，尚无力对韦森的研究进行全面深入地评价，所以在此只是就几个方面谈谈自己的浅陋的看法。首先，在韦森看来，habit 是处于作为一种社会科学的经济学研究阈界边缘外的东西，而 usage 是秩序经济学研究阈界内部最靠近边缘的东西。[③] 在韦森的社会秩序研究体系中，habit、usage、custom 的地位基本上如图 2-1 所示。所以在韦森的研究体系中，habit 不属于研究范畴，而 usage 则处于研究的边缘，custom 则处于研究的核心和中心。对于这种研究地位的排序，应该注意的是这是以韦森自己的研究的逻辑体系为标准的，并不是所有的有关研究都要如此。

其次，韦森的 habit、usage、custom 的翻译问题。《美国法律词典》把 habit 界定为一种由于不断地重复而形成的反复出现的

① 韦森：《社会秩序的经济分析导论》，上海三联书店 2001 年版，第 164 页。
② 韦森：《习俗的本质与生发机制探源》，《中国社会科学》2000 年第 5 期。
③ 韦森：《习俗的本质与生发机制探源》，《中国社会科学》2000 年第 5 期。

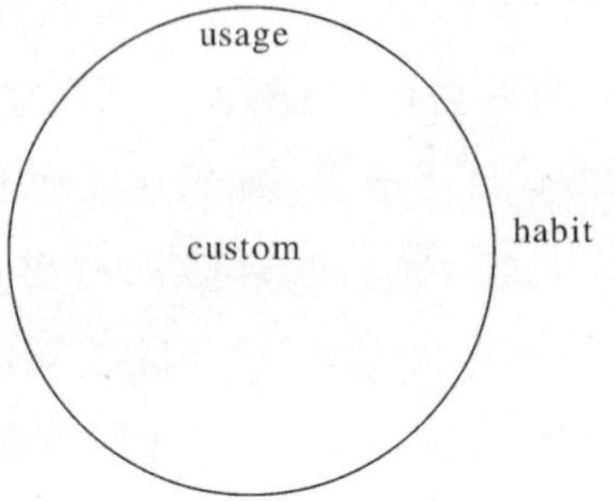

图 2-1

经常是无意识的行为方式,是一个人根深蒂固的一种行为方式;usage 则是一种已被公众接受为群体行为标准而能约束个人行为的习惯性做法,一般指称事实性的行业规范,经常译为"惯例";custom 则是指由于长时期的实践,尤其是公认传统确立的个人或群体的一种行为方式。[①] 据此,可以发现韦森对 habit、usage、custom 的界定与一般常用(词典的界定在一定意义上可以视为常用的界定)的有所不同,甚至有所矛盾。

另外,还有学者认为习惯和习俗没必要认真区分,认为"哲学家在讨论抽象的、人的心理层面上所具有的'固定化'及'刚性化'惯例时,往往用'习惯'一词;而在分析社会文化无意识、集体无意识行为和传统等一系列社会问题时,则更喜欢用'习俗'概念"[②]。习惯和习俗不仅具有亲和性和家族相似性(借用维特根

① 魏治勋对 habit、usage、custom 等相关词语进行了系统考察,可参见魏治勋:《民间法思维》,中国政法大学出版社 2010 年版,第 184 页以下。

② 张雄:《习俗与市场》,《中国社会科学》1996 年第 5 期。

斯坦的术语），而且其界线也是极其模糊的。如康芒斯把习俗视为许多个人习惯的相似点。① 马克斯·韦伯也认为习俗和习惯具有亲和性，要是事实上的实践是建立在长期约定俗成的基础之上，那么习惯就应该称之为习俗。习惯到习俗的界限是模糊的。② 马克斯·韦伯还指出，法律、习惯和惯例属于同一个连续统一体，即它们之间的演变难以察觉。③ 爱德华·汤普森也认为，习惯位于法律和农业实践的分解面。习惯本身就是分解面，因为它既可以看作惯例，也可以看作法律。④

基于以上的分析，严格区分习惯和习俗是困难的，由于习惯与习俗的亲和性和界线的模糊性在很大程度上严格区分是不可能的。⑤ 习惯有个体性的习惯和社会性的习惯，而社会性的习惯可以视为习俗。但是个体性的习惯是习俗即社会性习惯的基础，所以本书研究重心还是放在个体性习惯。另外本书研究的

---

① ［美］康芒斯：《制度经济学》（下），于树生译，商务印书馆 1962 年版，第 412 页。康芒斯认为，习俗是造成个人习惯的社会习惯。［美］康芒斯：《制度经济学》（上），于树生译，商务印书馆 1962 年版，第 58 页。

② ［德］马克斯·韦伯：《经济与社会》，林荣远译，商务印书馆 2004 年版，第 60 页。

③ ［德］马克斯·韦伯：《论经济与社会中的法律》，张乃根译，中国大百科全书出版社 1998 年版，第 20 页。在该书 25 页，马克斯·韦伯还指出，从社会学的角度看，习惯、惯例和法律之间的演变界线是非常模糊的。

④ ［英］爱德华·汤普森：《共有的习惯》，沈汉等译，上海人民出版社 2002 年版，第 100 页。

⑤ 从第一章“《人民法院报》有关习惯、习俗等的报道和文章列表”表中“主题词”一栏中可以发现，在实践中习惯和习俗混用的情况非常多。

习惯不包括上文所指的“habit”在内，因为“habit”是不调整社会关系的习惯即一些私人性的习惯。

（二）习惯与习惯法

我国法学界专门研究习惯的成果并不多，学界更多地把研究重心放在习惯法上，很多学者都论及习惯与习惯法的区别和联系。对于习惯和习惯法的关系，学术界基本上可以分为两派：一派认为习惯和习惯法是可以通用的两个概念；而另一派则认为应该区分的两个概念。[①]

前者如田成有指出，“习惯法”这一概念最早由谁发明和使用，似乎已无从考证和没有必要追究。仔细分析，所谓的习惯法实质不是法，而是习惯，或者说就是社会中通行的具有普遍性、权威性的习惯做法。……总之，习惯和习惯法只是一种不同的称谓而已，在我眼里，两者是没有多少实质区别的。[②]

而更多的学者则区分习惯和习惯法。如李可认为，习惯主要还是一种“事实性”的惯行，是一种实然意义上的行为模式，而习惯法是一种“规范性”的社会习惯。李可还从主观方面、客观

---

① 苗鸣宇归纳了习惯法与习惯区分的三种学说：确信说、国家承认说、折中说。认为三种学说在以下方面是相同的：第一，习惯法本质上是习惯；第二，习惯法具有习惯的一般属性；第三，习惯法具有法的属性。三种学说的差异在于习惯法法律效力的来源。可参见苗鸣宇：《民事习惯与民法典的互动：近代民事习惯调查研究》，中国人民公安大学出版社 2008 年版，第 18—20 页。

② 田成有：《“习惯法”是法吗？》，《云南法学》2000 年第 3 期。

保障机制、内在结构、形成路径、表现形式等方面具体比较习惯和习惯法的区别。李可最后指出，习惯与习惯法的关键区别在于是否为社会成员规定了权利义务和是否拥有一套规范保障实施机制。[①] 曹艳芝也认为习惯不等于习惯法，区别是习惯是自然形成的，而习惯法则是有的自然形成的，有的约定的；习惯法比习惯更具有强制性。[②] 周赟认为，习惯是指对一定范围内之社会主体所表现出来的一种行为模式或心理模式的客观描述，而习惯法是指在一定范围内由于传统或心理默契等原因形成的、存在于主体行为或心理之外并具有一定之外在强制力的、以主体行为或心理模式所反映并表现出来的行为规范。习惯和习惯法是一对相互关联但又描述之侧重点各有不同的两个范畴：习惯描述的是一种内在的、实然的、带有较强主体性属性的范畴，而习惯法是一种外在的、应然的并不以主体性为必然属性的范畴。[③] 滋贺秀三认为，习惯法本质上是“虽然不成文但在内容上比较确定并能够得到实定化的具体规范”[④]。博登海默则认为，习惯法(customary law)这一术语被用来意指那些已成为具

① 李可：《习惯法——一个正在发生的制度性事实》，中南大学出版社2005年版，第82—83页。

② 曹艳芝：《论习惯法的概念与特征》，谢晖、陈金钊主编：《民间法》(第一卷)，山东人民出版社2002年版，第53页。

③ 周赟：《论习惯与习惯法》，谢晖、陈金钊主编：《民间法》(第三卷)，山东人民出版社2004年版，第84—85页。

④ 参见[日]滋贺秀三：《清代中国的法和裁判》，创文社1984年版，第354页。转引自何勤华：《清代法律渊源考》，《中国社会科学》2001年第2期。

有法律性质的规则或安排的习惯，尽管它们尚未得到立法机关或司法机关的正式颁布。[①] 综合以上的论述，可以简单地区分习惯和习惯法，习惯法是具有法律规范性质的习惯。[②]

基于以上的分析，即使是区分习惯和习惯法的学者也都承认或指出习惯与习惯法之间的联系，毕竟这两个概念之间的家族相似性和亲和性太明显了。习惯法和习惯的关系可以简单概括为两个方面：第一，习惯比习惯法的范畴广，习惯法来源于习惯，习惯是习惯法存在的前提；第二，习惯的生发机制和运作机制对于习惯法具有基础性作用，习惯法具有习惯的一般属性，所以研究习惯对于理解习惯法是非常有意义的。本书虽然把研究重心放在习惯，但研究意义不仅仅限于习惯。

（三）习惯与民间法

上文已经简单介绍了习惯与习俗、习惯法的关系，除了习俗、习惯法以外，与习惯有关的常见的概念还有民间法。民间法逐渐成为法学界研究的一个“热”问题是一个不争的事实，民间

---

① ［美］E. 博登海默：《法理学：法律哲学和方法》，邓正来译，中国政法大学出版社 1999 年版，第 379 页。

② 司法机关的判例也涉及如何区分一般习惯与习惯法。如 1913 年中华民国大理院做出了上字第三号判例，明确提出，习惯法之成立要件有四：(1)要有内部要素，即人人有法之确信心；(2)要有外部要素，即于一定期间内，就同一事项，反复为同一之行为；(3)要系法令之所未规定之事项；(4)无悖于公共秩序利益。可参见《大理院判例解释民法集解》，世界书局 1923 年版，第 3 页。

法研究在近几年来确实形成了谢晖所说的“蔚然成风”的局面。① 但是对于什么是民间法，学界实际上并没有一个明确的界定。如田成有就指出，(民间法)这一概念也只能是限定在学者们分析问题时的一个分析性概念使用，而不能把它当成一个与国家法相对应的分类概念使用，或者说，它只能限定在有价值上、学理上的意义，而没有功能上的和文字上的意义。② 田成有还指出，我们从学术上暂且把农村活生生存在的这种礼俗、人情、习惯、族规、族法等称为中国式的“民间法”，并认为“什么是民间法？这是一个相当复杂和难以界定的问题”。③ 从其他学者研究民间法的具体分类看，民间法的外延也是非常广泛和含混的，如梁治平认为，(清代的)民间法大体可以分为民族法、宗

---

① 关于民间法研究的学术成果和学术活动比较多，具有象征性意义的有：谢晖和陈金钊主编的《民间法》年刊自 2002 年创刊以来现已出版到第八卷，而且自第七卷起入选 CSSCI 来源集刊；全国民间法 · 民族习惯法学术研讨会(年会)的召开，自 2005 年首届民间法 · 民族习惯法学术研讨会在青海西宁召开到 2009 年第五届民间法 · 民族习惯法学术研讨会在贵州凯里的召开，民间法年会已经举行了五届；在学术杂志上开设研究专栏：自 2005 年第 1 期起，《山东大学学报》推出了“民间法”研究专栏，每期刊登 2～3 篇相关的文章，自 2006 年第 1 期起，《甘肃政法学院学报》推出“民族习惯法”研究专栏，每期刊登 2 篇相关的文章。2010 年开始，谢晖主编的“民间法文丛”相继出版。这些都从不同侧面不同程度上体现了民间法研究在法学界的地位。

② 田成有：《乡土社会中的国家法与民间法》，谢晖、陈金钊主编：《民间法》(第一卷)，山东人民出版社 2002 年版，第 1 页。

③ 田成有：《乡土社会中的国家法与民间法》，谢晖、陈金钊主编：《民间法》(第一卷)，山东人民出版社 2002 年版，第 9 页。

族法、宗教法、行会法、帮会法和习惯法几类。① 于语和主编的《民间法》也把民间法分为民族法、乡村法、行会法、帮会法、宗教法和其他类别。②《民间法》集刊第八卷上的《商会制度的法理基础》和《明清行会规则研究》二文具体研究商会和行会的规则，可见民间法研究者把它们也是纳入民间法范畴的。总之，梁治平关于民间法的描述非常生动和形象地表现了民间法形态的多样性和内容的丰富性：它可能是家族的，也可以是民族的；可能见诸文学，也可能口耳相传；它们或是人为创造，或是自然生成；或有明确的规则，或表现为富有弹性的规范；其实施可能由特定的人负责，也可能依靠公众舆论或某种微妙的心理机制。③

基于以上的分析，准确界定民间法是非常困难的事，一则民间法的范畴过于宽泛，包含的外延过于丰富，二则“民间法”中的“民间”和“法”这两个要素都不容易准确界定，这直接导致“民间法”也难以准确界定。基于此，本书并不试图去界定民间法的概念，而只是指出民间法与本书重点研究的习惯的大体④关系。从上文介绍可以发现，民间法和习惯两个概念具有一定意义上的亲和性，现有民间法研究者大多把习惯作为民间法的来源之

---

① 梁治平：《清代习惯法：社会与国家》，中国政法大学出版社 1996 年版，第 36 页。

② 于语和主编：《民间法》，复旦大学出版社 2008 年版，第 75—80 页。

③ 梁治平：《清代习惯法：社会与国家》，中国政法大学出版社 1996 年版，第 36 页。

④ 之所以是“大体”，是因为考虑到民间法和习惯两个概念本身的含混性以及由此引发的两者关系的模糊性。

一。所以，虽然民间法的来源不仅仅限于习惯，但是对于习惯的探讨对于理解和研究民间法还是有重要的借鉴意义的。

综合习惯与习俗、习惯法、民间法的关系的分析，习惯与习俗、习惯法、民间法这些范畴具有较强的家族相似性，彼此之间关系非常密切。虽然彼此之间的范畴有或多或少的差异，但习惯作为习俗、习惯法、民间法的来源（或之一）是确定无疑的。所以，研究习惯的生发机制以及习惯的有效性来源（习惯为什么有力量）对于理解习俗、习惯法、民间法是具有积极意义的，也就是说研究习惯的意义不仅仅限于习惯，甚至也不限于习俗、习惯法、民间法，习惯作为一种社会规范，探讨习惯对理解法律、道德、宗教等都是有意义的。

三、研究视角

“一旦新的思维方式得以确立，旧的问题就会消失；实际上人们会很难再意识到这些旧的问题。因为这些问题是与我们的表达方式相伴随的，一旦我们用一种新的形式来表达自己的观点，旧的问题就会连同旧的语言外套一起被抛弃。”[①]可见，一旦我们确立了新的思维方式，也许就会发现我们正在研究的问题是“伪问题”；一旦我们用一种新的视野，也许就会发现我们原有视角的局限。对于问题的研究而言，视角的选择是非常重要的。我们看的是同一

① ［法］皮埃尔·布迪厄、［美］华康德：《实践与反思》，李康等译，中央编译出版社1998年版，第1—2页。

样东西，但我们看到的却不是同样的东西，后现代主义哲学经典的判断说明了视角对结论的决定性作用，这个道理实际上可以用我国古代著名的诗词“横看成岭侧成峰，远近高低各不同。不识庐山真面目，只缘身在此山中”来揭示：不同的观察角度是导致认识不同的重要原因（横看成岭侧成峰，远近高低各不同）。海森堡也指出了方法的重要作用，他说：“我们所观测的不是自然界本身，而是我们用来探索问题的方法所揭示的自然界。”①

我国目前关于习惯的研究并不多，特别是缺乏系统的研究，现有的研究都是零零散散的不系统的研究。现有研究从内容上看基本上都是附带性的：在研究民间法或者习惯法等的时候偶尔提到习惯；而从所用的理论资源上看，所引用的基本上是法学的数据，引用其他学科如哲学、社会学、经济学的不多；②从研究

① [德]海森堡：《物理学和哲学》，范岱年译，商务印书馆 1981 年版，第 24 页。

② 这一点在我国法学研究上表现得是比较明显的，笔者曾经以《民间法》（第八卷）上的 16 篇关于民间法的文章为考察对象，统计过 16 篇文章的引注情况，结果发现民间法研究在哲学化和人类学/社会学化方面还是不够的，主要表现在“量”和“质”两方面。在量的方面，哲学引注不仅总量少，而且在 16 篇文章中只有 4 篇文章有哲学引注，这体现了哲学在民间法研究中并不普及。而人类学/社会学引注虽然总量还可以，但是如果取平均数的话，只有 2 篇多一点点，而且 16 篇文章中有 6 篇没有人类学/社会学引注。相对于人类学/社会学与民间法的亲和性而言，这样的引注情况还是过少的。在质的方面，不管是哲学引注还是人类学/社会学引注目前还处于较低水平，很多引注都只是观点的引注，对于被引者的理论体系、前提预设、理论逻辑等缺乏必要的关注，有的难免有断章取义之嫌，有的引注成为一种学术装饰。可参见陈冬春：《从引注看民间法研究的新趋势及科际整合》，《社会科学辑刊》2012 年第 4 期。

视角看，研究视角较为单一，基本上都是法学的研究，也就是多属习惯的法学研究。

习惯必须采用多视角的研究。这有几个方面的原因：第一，是基于单一视角的局限性。维特根斯坦曾经指出，哲学之病的一个主要原因——偏食：人们只用一种类型的例子来滋养他们的思想。[①] 单一的视角是瞎子摸象式的一种思维方式，这种思维方式把人类生活形式的丰富性和多样性简单化、单调化，挤掉了许多有营养的成分，留下的是干巴巴的残渣。对其原因，汪丁丁认为，这是"鉴于人类行为如此复杂，我们经常受到简约主义的诱惑，试图从单纯的自然科学的视角理解人类行为"[②]。赵汀阳推崇的"一个问题/所有问题"的思维模式是很好的一剂解毒剂，这种思维模式认为：任何一件事情与各种可能性复杂相关，所以我们不得不在深入思考某个问题时去思考所有问题。[③] 其实，这仅仅是单一视角的局限性的一个方面，而且还不是最严重的一个方面。单一视角容易把这单一视角神化，正如休谟指出的："如果一个哲学家一旦抓住了某个他喜爱的原理，而这原理也许恰能说明许多自然现象，他就会把这个原理扩大到说明整

---

① [奥]维特根斯坦：《哲学研究》，李步楼译，商务印书馆 1996 年版，第 235 页。

② 汪丁丁：《制度分析基础讲义I》，上海人民出版社 2005 年版，第 113 页。

③ 赵汀阳：《博弈问题的哲学分析》，《读书》2003 年 2 月，第 76 页；另可参见赵汀阳：《一个或所有问题》，江西教育出版社 1998 年版，第 58 页。

个世界。”[①]丹尼尔·卡内曼[②]发现的“聚焦错觉”(当你关注生活的某一方面时，你将夸大这一方面的重要性[③])对此也是一个很好的心理学的解释。在这个意义上而言，我们欢迎经济学、社会学、人类学等的“入侵”，只要不形成唯经济学主义、唯人类学主义、唯社会学主义……[④]

第二，是基于法学研究视角的固有的局限性。从法学的角度看待习惯，就不可避免地带有法学的“前见”[⑤]，这就造成囿于

---

① [英]休谟:《人性的高贵与卑劣》，杨适等译，上海三联书店 1988 年版，第 1 页。

② 丹尼尔·卡内曼，1934 年出生在以色列特拉维夫，以色列和美国双重国籍，1954 年毕业于以色列希伯来大学，获心理学与数学学士学位，2002 年获得诺贝尔经济学奖。

③ 可参见[美]阿兰·斯密德:《制度与行为经济学》，刘璨等译，中国人民大学出版社 2004 年版，第 49 页。这点还可以用格式塔心理学关于视知觉的理论来说明，这种理论强调图形—背景组织。当我们看一个视觉场景时，场景的一部分作为完整的、轮廓清晰的物体突现出来，而其余部分则看起来更模糊、更不重要。参见 M. 艾森克主编:《心理学——一条整合的途径》，阎巩固译，华东师范大学出版社 2000 年版，第 213 页。

④ 任何唯“X”主义都有不可避免的缺陷，这种缺陷主要表现在:一为以简单的单一视角看待复杂的事物，为此看到的是片面化、简单化了的事物;二为容易形成“X”崇拜，为此以“X”来拒斥新视角的进入，从而以 X 逻辑取代事物的逻辑。为此必须全面估价任何一个 X 的理论意义及其限度。

⑤ “前见”的概念源自伽达默尔，在他那里，“前见”不具有贬义，而是指解释者理解某一事物的先行立场或视角，它是人类理解和解释进入的前提和条件。关于“前见”，可参见[德]伽达默尔:《真理与方法》(上卷)，洪汉鼎译，上海译文出版社 1999 年版，第 341 页。而此处则是在两层意义上借用的:一是伽达默尔意义上;二是贬义的意义上，即意指“偏见”，也就是“就法(学)论法”具有的偏见。

法学的思维范式而不可避免地带有视角单一的局限性。法学的视角的局限性很多学者都有论及：马克斯·韦伯认为："在任何情况下，如果将社会学的、经济学的或伦理学的观点引入法律概念中去，法律观点的准确性就会受到影响。"[①]马克斯·韦伯的自身经历也许就是法学视角局限性的经典例子。[②] 科特威尔也指出，法律是如此重要的社会现象，因而人们不能离开社会的其他方面而孤立地分析法律，如果孤立地研究法律，就不可能理解法律的特征，法律与其他社会现象的关系和法律的复杂性，也不能理解法律是社会生活的一部分，而不只是专业性业务的一门技术的这种"实在性"。"纯粹的法律分析"是一个很成问题的概念。[③] 基于(纯粹)法学研究视角的局限性，科特威尔提出要发

① [德]马克斯·韦伯：《论经济与社会中的法律》，张乃根译，中国大百科全书出版社 1998 年版，第 317 页。

② 马克斯·韦伯敏锐地觉察到资本主义发展所面临的问题，也深知自己所接受的法学教育所获得的知识背景和研究方法无法解决这些问题。为此，他最终没有选择"法律家"作为自己的职业，而是转向了经济学，进而又以整个社会科学或社会理论作为自己学术事业的根据地。郑戈认为，马克斯·韦伯的这个经历"对当代法学和社会科学的发展具有某种象征性的意义。它表明法学研究方法可能具有某种缺陷，而一种社会理论或许有助于弥补这一缺陷"。可参见郑戈：《韦伯论西方法律的独特性》，《韦伯：法律与价值》，上海人民出版社 2001 年版，第 2 页。

③ [英]罗杰·科特威尔：《法律社会学导论》，潘大松等译，华夏出版社 1989 年版，第 2 页。

挥“社会学的想象力”[①]，而且随着理解社会生活复杂性的进展，最终必然要求打破知识学科之间的界限。[②]

第三，对于习惯的研究而言，法学的单一视角是远远不够的，一个理论，我们可以通过把它放置到一个更大的理论视野中来了解它的全貌。甚至可以说，法学视角在研究习惯中并不是很重要的视角。首先，习惯与人密切相关，为此对习惯的分析必然离不开对人的分析。施里特把憎恨以人类心智作为社会分析的起点的尝试称为理论上的“一个盲点”，并指出，应把人类心智的性质作为分析问题的最终落脚点。……人性必须被看成是法律的一个基本来源，因此它是“各种规则”的最终的源泉。[③] 高其才也指出，乡村社会的习惯法生成过程是与人的惯常性相联系的。[④] 虽然施里特指的是“法律”，而高其才谈的是“习惯法”，但他们的论述对于习惯同样适用，而且在很大程度上相比于法律和习惯法，习惯与人性关系更为密切：因为法律和习惯法作为制定性规则和发现性规则，与人性的关系在一定程度上是应然的范畴，即法律和习惯法应该体现人性；而习惯作为自然而然自

---

① 这种想象力不断以广阔的社会为背景阐释诠释法律的详尽知识。可参见[英]罗杰·科特威尔：《法律社会学导论》，潘大松等译，华夏出版社 1989 年版，第 7 页。

② [英]罗杰·科特威尔：《法律社会学导论》，潘大松等译，华夏出版社 1989 年版，第 5 页。

③ [德]埃克哈特·施里特：《习俗与经济》，秦海等译，长春出版社 2005 年版，第 157 页。

④ 高其才等：《乡土司法》，法律出版社 2009 年版，第 336 页。

发形成的社会规范，它与人性的关系更多地属于实然范畴，即习惯是人性的现实化。所以，理解习惯的生发机制和运作机制必须依托于人性。另外，习惯作为一种制度，尽管是非正式制度，它不仅仅是“行为模式”，而且是“意义分享”。① 而且，制度与人是同一枚硬币的两面。了解制度，就是去了解生活在制度中的人。制度分析永远是对人的心智与行为的分析。② 在此，对习惯的行为心理学分析无疑是必要的。最后，对习惯的分析还必须借鉴人类学或社会学的视角，这是因为作为社会规范的习惯与人类学具有理论上的亲和性，在一定程度上讲，习惯是人类学和社会学视野下的社会规范。而且相对于法学而言，人类学、哲学、心理学是比较成熟的学科，法学应该借鉴人类学/社会学、哲学和心理学的经验，发挥后发优势。而且跨学科的研究有助于解除既有学科的遮蔽，开启既有学科框架背后的盲区。习惯研究存在的问题与其他学科尤其是人类学和哲学已经或者正在反思的问题存在一定程度上的契合。

综上所述，对于习惯必须进行多视角的研究，这是基于单一视角的固有的局限性和习惯的复杂性和多面性。相比于法律、民间法、习惯法而言，习惯是更贴近于人的生活，与人的关系更加密切的。为此，研究习惯更要考虑人的因素。而涉及人的因素的东西都是复杂的，卡西尔的关于人的论述是富有启发的。

---

① 汪丁丁:《制度分析基础讲义I》，上海人民出版社 2005 年版，第 86 页。

② 汪丁丁:《制度分析基础讲义I》，上海人民出版社 2005 年版，第 27 页。

卡西尔指出，人的突出特征，人与众不同的标志，既不是他的形而上学本性也不是他的物理本性，而是人的劳作(work)。正是这种劳作，正是这种人类活动的体系，规定和划定了"人性"的圆周。语言、神话、宗教、艺术、科学、历史，都是这个圆的组成部分和各个扇面。① 为此，人不再生活在一个单纯的物理宇宙之中，而是生活在一个符号宇宙之中。语言、神话、艺术和宗教则是这个符号宇宙的各部分，它们是织成符号之网的不同丝线，是人类经验的交织之网。② 所以，人之为人的特性就在于他的本性的丰富性、微妙性、多样性和多面性。因此，数学绝不可能成为一个真正人的学说、一个哲学人类学的工具。(所以)对于理解人类文化生活形式的丰富性和多样性来说，理性是个很不充分的名称。③ 对于这点，格尔兹也持相近的观点，他说："我与马克斯·韦伯一样，认为人是悬挂在由他们自己编织的意义之网上的动物，我把文化看作这些网，因而认为文化的分析不是一种探索规律的实验科学，而是一门探索意义的阐释性科学。"④ 把文化的研究视为"探索规律的实验科学"是结构主义人类学的

---

① [德]恩斯特·卡西尔：《人论》，甘阳译，上海译文出版社 2004 年版，第 87 页。

② [德]恩斯特·卡西尔：《人论》，甘阳译，上海译文出版社 2004 年版，第 15 页。

③ [德]恩斯特·卡西尔：《人论》，甘阳译，上海译文出版社 2004 年版，第 33 页。

④ [美]克利福德·格尔兹：《文化的解释》，纳日碧力戈等译，上海人民出版社 1999 年版，第 5 页。

倾向，而格尔兹的阐释人类学主张人类学是“一门探索意义的阐释性科学”。[①] 所以基于人的复杂性导致的习惯的多维性，对习惯的研究运用社会学、心理学、哲学、人类学等多元的理论资源是必要的，只有这样，才能对习惯的生发机制和运作机制有较好地把握，才能较好地回答“习惯为什么有力量”这个问题。

第二节　习惯的力量原因探析

对于习惯的作用，国外有过很多相关的经典的论述[②]：

古希腊的亚里士多德说：“习惯实际上已成为天性的一

---

① 在斯蒂芬·泰勒看来，文化是(应当)由用类似于数学或逻辑的形式方法加以分析的心理现象。格尔兹反对斯蒂芬·泰勒的观点，认为这是认知主义的谬误。另可参见[美]克利福德·格尔兹：《文化的解释》，纳日碧力戈等译，上海人民出版社 1999 年版，第 5 页。

② 我国古代也有很多相关论述，但与西方不同的是，我国更多地是从风俗、习俗、民俗的层次论述。如：

“古之欲正世调天下者，必先观国正，料事务，察民俗。”(《管子·正世》)

“移风易俗，天下皆宁。”(《荀子·乐论》)

“移风易俗，民以殷富，国以富强。”(《史记·李斯传》)

“王者统世，观民设教，乃能变风易俗，以致太平。”(汉·王符《潜夫论·浮侈》)

“人之寿夭在元气，国之长短在风俗。”(宋·苏轼《上神宗皇帝书》)

“风俗之变，迁染民志，关之盛衰，不可不慎也。”(宋·王安石《风俗》)

“风俗者，天下之大事。”(清·顾炎武《日知录·廉耻上》)

“立国大本，首在整饬纪纲，齐肃民俗。”(梁启超《政府大政方针宣言书》)

部分。"(《修辞学》)

古罗马的昆图斯说:"习惯比天性更顽固。"(《亚历山大大帝的丰功伟绩》)

古罗马诗人奥维德说:"任何事物都不及习惯那么神通广大。"(《爱的艺术》)

英国的培根说:"习惯真是一种顽强而巨大的力量。"(《论习惯》)

美国心理学家威廉·詹姆斯说:"习惯是社会的巨大的飞轮和最可贵的维护者。"(《心理学》)

……

此类的名言还有很多,上述的列举只是挂一漏万。虽然上文名言中的"习惯"这个"词"所指的"物"①有或多或少的差异,但都在一定程度上论断了习惯的作用或功能。值得追问和探讨的问题是,习惯力量的源泉在哪里?

① 可参见[法]米歇尔·福柯:《词与物》,莫伟民译,上海三联书店 2001 年版。

一、习惯与下意识[1]

(一)下意识

在迷信以外的事情中,习惯之凌驾一切是处处可见的;其势力之强,使得人们于自白、抗辩、允诺、夸张之后,依然一仍旧贯的做下去,好像他们是无生命的偶像,和由习惯底轮子来转动着的机械似的,这种情形真令人惊讶。[2] 培根的这段话论述了习惯的统治或专制:天性与言语上的允诺要约都不如习惯有力。培根上述论述中的“无生命的偶像”、“机械似的”似乎在一定程度上指出了习惯的力量与意识的关系。

下意识从心理学意义上讲,是指人的不自觉的行为趋向。对于下意识的功能,下列的描述是非常形象的:如果一直坐着不动,你能说得出血液里需要多少水、多少盐和多少其他成分才能维持它现有的比例、重力吗? 如果玩一些需要速度的运动,像游戏、打网球、赛跑、锯木头等,或是参与其他一些剧烈运动的时候,你知道排汗时损失了多少盐分吗? 你知道每天应该从食物

---

① 在心理学中,与下意识相类似的概念有无意识、潜意识,这些概念有一定的区别,但在本书中下意识和无意识两个概念没有特别说明都是通用的。之所以这么处理,是因为在笔者的阅读范围内很多学者对这两个概念经常是通(混)用的。

② [英]培根:《论习惯与教育》,《培根论说文集》,水天同译,商务印书馆2003年版,第144页。

中摄取多少水、多少盐和多少其他的养分进入血液，才能保证身体健康吗？不知道，就算是最伟大的物理学家和化学家也不知道，但你的下意识知道。它甚至不用迟疑便能将它指出来。而且几乎是自动做出了判断，它是一个“闪电计算器”，而且这只是它每天所要做的上千份工作中的一份，下意识每分钟所要处理的事务，是那些最伟大的科学家和最知名的化学家，花上一年时间也难以解答的深奥的问题。① 按照弗洛伊德的冰山理论，如果将人类的整个意识比喻成一座冰山的话，那么浮出水面的部分就是属于显意识的范围，约占意识的5%，换句话说，95%隐藏在冰山底下的意识就是属于潜意识的力量。基于下意识和潜意识之间的极端相似性，本书不予细分，但基本上可以断定95%的潜意识中有很大一部分是下意识的份额。正如库利所指出的，人类意识确实是栖居着许多生命的怪异形式的洞穴，它的主要部分是无意识的和模糊的。②

虽然下意识在我们的日常生活中占据不可忽视的作用，甚至可以说离开下意识，我们将难以在社会中生存。但人们普遍更重视自觉的有意识的思想和行动而忽视或看轻不自觉的意识即下意识。我们觉得在别人的生活中自觉意识看上去十分显著，在我们自己的生活中因为相同的原因，自觉意识也显得很重要。究其原因，在库利看来，积极的、明显的、突出的事情和造成

① 这部分内容参考了用百度百科搜索的“下意识”词条。

② [美]查尔斯·霍顿·库利：《人类本性与社会秩序》，包凡一等译，华夏出版社1999年版，第185页。

可见效果的事情总是处于显著的位置，它们自然引起了注意。我们只有通过区别对比才能认识事物，但是暗示的机械控制，在很多方面的影响都很相似，因而常常不被意识到。正如我们不会注意到空气，恰恰因为我们周围无处没有空气。而且，选择是我们注意的行动，它处于视域里明亮的中心区；而不自觉意识是包围着这个中心区的黑暗无边的背景。或者说，选择就像地球一样，我们不自觉地把它看作宇宙的中心，仅仅因为它是我们兴趣的中心和我们能有所作为的地方。① 这在很大程度上能够解释埃利希指出的，法律实证主义关于法的定义不可能使人把法的真实性理解为社会调节功能，因为这种定义只是定义了法律中一些与大多数人的经验毫不相干的部分内容。② 具体说来，尽管对于社会调节功能和对大多数人的经验而言，日常生活中的习惯是更重要的、不可或缺的，但是在法学家特别是法律实证主义者看来，起纠纷解决功能的法律才是重要的，才是值得关注的。正如尤金·埃利希所说，只有在法学家的眼里，法律才是国

① [美]查尔斯·霍顿·库利：《人类本性与社会秩序》，包凡一等译，华夏出版社1999年版，第49页。对于习惯的不受关注，希尔斯的说法也是一种解释：人们已经接受了大量的一贯做法，但这不是知识界讨论的兴趣所在。它仅属于生活的日常惯例，太琐碎以致不值一提。可参见[美]爱德华·希尔斯：《论传统》，傅铿等译，上海世纪出版集团2009年版，第4页。

② [英]罗杰·科特威尔：《法律社会学导论》，潘大松等译，华夏出版社1989年版，第30—31页。

家制定的法律，国家法律只在法学家的意识里处于支配地位。[①] 这也是笔者曾经指出的民间法研究中存在的“重异态轻常态”现象。[②] 综上，也就是说，重要的东西不一定被关注，许多重要的东西如本书研究的习惯由于司空见惯而被漠视。正如本尼迪克特所说的，正是由于习俗是基本的，因而习俗就存在于意识关注的领域之外。[③] 这对于习惯亦是如此。这就是作为下意识的习惯在我们的视野特别是法学家的视野中被忽视的原因。

(二)习惯大体上是下意识的

习惯的力量源泉之一在于习惯大体上是下意识的。之所以说大体上，是因为，第一，并非所有的习惯都是下意识的，有些习惯是有意识的；第二，意识和下意识是不能绝对分离的，有些习惯可能主要部分是下意识的，但也有意识的成分，只不过可能意识的成分较少或较弱。由于这方面的问题较为复杂，本书退而求其次，只是主张：习惯大体上是下意识的，或者说习惯的生发机制中下意识的成分占主导地位，如果从反面说，就是意识在习

---

① [英]罗杰·科特威尔：《法律社会学导论》，潘大松等译，华夏出版社1989年版，第31页。

② 可参见陈冬春：《民间法研究的反思性解读》，华东政法大学硕士论文，2004年，第14页。科特威尔指出，法学家主要关心生活中的反常现象，而不是正常现象。[英]罗杰·科特维尔：《法律社会学导论》，潘大松等译，华夏出版社1989年版，第33页。

③ [美]鲁思·本尼迪克特：《文化模式》，王炜等译，社会科学文献出版社2009年版，第6页。

惯中不起主要作用。①

习，最早见于商代甲骨文，字形作“習”，上部是鸟羽毛，下部是声符。习，飞翔，“季夏之月，鹰乃学习”（《礼记·月令》）。按东汉许慎的《说文解字》，习，本意“数飞也”，频频飞也，练习或学习飞行之意，重复之意。习惯的“惯”，一以贯之的“贯”。《汉书·贾谊传》写道：“少成若天性，习贯如自然。”《大戴礼记·保傅》：“少成若性，习贯之为常。”从习惯的辞源看，习惯是与学习，而且是从呱呱坠地开始反复的学习联系在一起的，习惯是人潜移默化的结果。这与帕斯卡尔的说法（“习惯就是我们的天性”或者毋宁说“是摧毁第一天性的第二天性”，所以“我们的天性原则只不过是习惯的原则而已”）是一致的。按马林诺夫斯基的说法，习惯是习得的，通过反复灌输，习惯在人们的心中和行为上获得了服从和维持。康芒斯指出，我们是由重复、照例行事、千篇一律开始和继续活动的。② 综上所述，习惯是经过反复灌输和实践形成的。那么反复灌输和实践为什么会形成习惯呢？

对这个问题的回答必须建立在心理学的分析基础上。心理

① 如列维—施特劳斯就认为，习惯是人类一种无意识的结果。

② 可参见[美]康芒斯：《制度经济学》（上），于树生译，商务印书馆 1962 年版，第 59 页。

学上著名的斯金纳箱[①]试验可以说明习惯的形成机制：斯金纳箱，是新行为主义心理学的创始人之一斯金纳为研究操作性条件反射而设计的实验设备。箱内放进一只白鼠或鸽子，并设一杠杆或键，箱子的构造尽可能排除一切外部刺激。动物在箱内可自由活动，当它压杠杆或啄键时，就会有一团食物掉进箱子下方的盘中，动物就能吃到食物。实验发现，动物的学习行为是随着一个起强化作用的刺激而发生的。斯金纳通过实验发现，动物的学习行为是随着一个起强化作用的刺激而发生的。斯金纳把动物的学习行为推而广之到人类的学习行为上，他认为虽然人类学习行为的性质比动物复杂得多，但也要通过操作性条件反射。操作性条件反射的特点是：强化刺激既不与反应同时发生，也不先于反应，而是随着反应发生。有机体必须先作出所希望的反应，然后得到"报酬"，即强化刺激，使这种反应得到强化。[②] 在斯金纳箱试验中，老鼠最初似乎是受某种目标指引，但随着经验的丰富，技巧熟练的老鼠似乎以自动的方式对呈现的刺激做出反应。定时诱发性行为一旦产生，就比初形成时更难

---

① 斯金纳(Burrhus Frederic Skinner，1904—1990)是新行为主义心理学的创始人之一。他1904年3月20日生于美国宾夕法尼亚州东北部，在那里度过了他的童年和中学时代。于1928年考入哈佛大学读研究生，改修学心理学。1931年获得哲学博士学位。此后相继执教于明尼苏达大学和印第安纳大学。1947年受聘重返哈佛大学，担任学校心理系终身教授。斯金纳箱(Skinner box)：行为心理学派在实验室内研究动物(主要是鼠和鸽)学习能力的箱形实验装置，因最初是由斯金纳发明而得名。

② 关于斯金纳箱的介绍，可参见百度百科搜索"斯金纳箱"。

改变，这也是刻板行为的一个特征。控制基础似乎随经验改变，行为在起初是易变的，随着经验逐步定型。斯金纳箱表明，干一件事的经验越多，行为改变的难度就越大。在开始行为时，行为一般由目标指引，但随着经验的增加，行为对刺激的反应变得越来越自动化，也更加有力。① 这适用于很多人类行为，例如，在最初开车时，我们都全神贯注，但在积累一些经验后，特别是在熟悉的道路上，我们的驾驶行为就以一种更自动化的方式完成，人们对熟悉刺激的反应同样是自动化的。② 另外的心理学研究也印证了斯金纳箱的研究，心理学研究证实，当一个原有的感觉再次被重复的感觉和反应所证实时，激素的大量分泌会将一个短期印象转变为我们大脑中的"固线"连接，从而成为我们在很长时期中记住的联系。③

制度经济学④探讨习惯的立论基础来自实用主义哲学家和心理学家的工作。如著名的心理学家威廉·詹姆斯就从生理学角度对习惯做了出色的研究，他认为，习惯是"大脑中形成的排

① 对斯金纳箱试验的分析，可参见 M. 艾森克主编：《心理学——一条整合的途径》，阎巩固译，华东师范大学出版社 2000 年版，第 37—41 页。

② M. 艾森克主编：《心理学——一条整合的途径》，阎巩固译，华东师范大学出版社 2000 年版，第 41 页。

③ [德]柯武刚、史漫飞：《制度经济学：社会秩序与公共政策》，韩朝华译，商务印书馆 2000 年版，第 55 页。

④ 制度经济学深深地植根于行为科学，其理论是建立在我们对人脑运行的最佳理解的基础上的。[美]阿兰·斯密德：《制度与行为经济学》，刘璨等译，中国人民大学出版社 2004 年版，第 19 页。

水通道,一定量的注水今后会倾向于经这里流出”。大脑中的信道有高度的“弹性”,意味着它有“一种脆弱得不能免受影响,又顽强得足以抵御一切突发事变的结构”。习惯“极易”形成,但却“不易消失”。① 可见,威廉·詹姆斯是把习惯的形成建立在大脑和神经机制的基础上的。詹姆斯进一步指出,之所以出现这一形成习惯的倾向,是因为“人生下来就有一种倾向,要做比他在神经中枢里已经安排好了的更多的事情。……在人这里,行为的数量非常之大,而且大多数行为都是艰苦学习的结果。如果练习没有达到完美,习惯没有节省神经和肌肉能量的损失,他会因此而处于令人遗憾的困境之中”②。詹姆斯还引用莫兹利博士的论述:“如果一个动作在做了几次之后还没有变得容易起来,如果每一次完成它时都必须得有意识的精心指导,那么显然一生的全部活动将局限在一种或两种行为中——在发展中就不可能有进步发生。人可能会整天忙碌于穿衣服和脱衣服;身体的姿势可能会完全吸引他的注意力并吸尽他的能量;每一次洗

---

① [英]马尔科姆·卢瑟福:《经济学中的制度》,陈建波等译,中国社会科学出版社 1999 年版,第 68 页。

② [美]威廉·詹姆斯:《心理学原理》(一),郭宾译,中国社会科学出版社 2009 年版,第 249—251 页。对于这段话,还有另一种译法:人在他的神经中枢生来就有一种想做多于他已经安排好的事的禀性。如果实践的结果不完美,习惯又没有节约脑力和体力的损耗,[人]就要陷入可悲的境地。可参见[英]马尔科姆·卢瑟福:《经济学中的制度》,陈建波等译,中国社会科学出版社 1999 年版,第 68 页。比较这两种译法,虽然意思大体一致,但是总体而言陈建波等人的译法更精确些。

手和扣纽扣对他来说都会像小孩第一次尝试这些事情时那么困难;此外,由于自己的努力他会变得完全地精疲力竭。想想教会一个孩子站起来所必须经历的痛苦吧,想想孩子必须做出的多种努力吧,再想想他最后站立起来并且意识不到任何努力时的从容吧。因为次级自动动作的完成伴随有相对较少的疲劳——考虑到它接近器官动作,或者最初的反射运动——而意志的有意识努力很快就会产生疲劳。没有……记忆的脊髓简直就是白痴般的脊髓……对个体来说,除非疾病削弱了他的自动机构的功能,否则他不可能认识到他有多么依赖自动机构。”①

心理学的一个基本原理是:精神活动过程的重复使这些工程能更加熟练地进行,同时削弱了随之而来的意识的程度。这一原理很好地解释了习惯,某一感知经常使人联想起先前的感知时,这一感知就会使人习惯性地把两者联系起来。② 在汪丁丁看来,预先把一些与场景有关的不断出现的场景整合到下意识功能里去,这就是习惯。有限的注意力,支持自我意识,其他自我意识之下的意识层次都是由初级层次——条件反射的层次来执行。③ 德国法社会学学者特奥多尔·盖格尔也指出,社会

① [美]威廉·詹姆斯:《心理学原理》(一),郭宾译,中国社会科学出版社2009年版,第251页。

② [美]弗兰兹·博厄斯:《原始人的心智》,项龙等译,国际文化出版公司1989年版,第56页。

③ 可参见汪丁丁:《制度分析基础讲义Ⅱ》,上海人民出版社2005年版,第297页。

秩序的形成是基于人们特有的自然趋向，即面对重复出现的情况，人们会进行特定的、相同的行为，并使这些行为最终成为习惯。①

习惯的下意识特征是与人的有限理性密切相关的。有限理性的概念最初是阿罗提出的，他认为有限理性就是人的行为“既是有意识地理性的，但这种理性又是有限的”。之所以是有限理性，一是环境是复杂的，在非个人交换形式中，人们面临的是一个复杂的、不确定的世界，而且交易越多，不确定性就越大，信息也就越不完全；二是人对环境的计算能力和认识能力是有限的，人不可能无所不知。诺贝尔经济学奖得主西蒙是有限理性的主要提倡者，他详尽而深刻地指出了新古典经济学理论的不现实之处，分析了它的两个致命弱点：第一，假定目前状况与未来变化具有必然的一致性；第二，假定全部可供选择的“备选方案”和“策略”的可能结果都是已知的。而事实上这些都是不可能的。西蒙指出传统经济理论假定了一种“经济人”。他们具有“经济”特征，具备所处环境的知识，即使不是绝对完备，至少也相当丰富和透彻；他们还具有一个很有条理的、稳定的偏好体系，并拥有很强的计算能力，靠此能计算出在他们的备选行动方案中，哪个可以达到尺寸上的最高点。西蒙认为传统的理性（西蒙称之为客观理性）存在着以下几个问题：(1)按理性的要求，行为主体

---

① ［德］托马斯·莱塞尔：《法社会学导论》，高旭军等译，上海人民出版社2008年版，第104页。

应具备关于每种抉择的后果的完备知识和预见。而事实上，对后果的了解总是零碎的。(2)由于后果产生于未来，在给它们赋以价值时，就必须凭想象来弥补其时所缺少的体验。然而，对价值的预见不可能是完整的。(3)按理性的要求，行为主体要在全部备选行为中进行选择。但对真实行为而言，人们只能想得到全部可能行为方案中的很少几个。① 西蒙认为人们在决定过程中寻找的并非是“最大”或“最优”的标准，而只是“满意”的标准。以稻草堆中寻针为例，西蒙提出以有限理性的管理人代替完全理性的经济人。两者的差别在于：经济人企求找到最锋利的针，即寻求最优，从可为他所用的一切备选方案当中，择其最优者。经济人的堂弟——管理人找到足可以缝衣服的针就满足了，即寻求满意，寻求一个令人满意的或足够好的行动程序。② 按照西蒙的观点，由于认知的限制，理性是有限的，为此，人没有能力用最优的方式解决复杂问题。

赫伯特·西蒙的有限理性的概念或许抓住了人类思维最为明显的特征。由于人的有限理性，人类在社会中行为时不可能按传统经济学假设的“经济人”来行为。在我们复杂的生活中，意志只能在我们力所能及的范围内控制相互竞争的暗示中的很小一部分。获取不同方案的信息所需要的资源和时间都十分稀

---

① [美]西蒙：《管理行为》，杨砾等译，北京经济学院出版社1988年版，第78页。

② 关于有限理性，具体可参见[美]西蒙：《管理行为》，杨砾等译，北京经济学院出版社1988年版，特别是第四章、第五章。另可参见百度百科“有限理性”。

缺和昂贵，所以不可能无止境地收集信息。如斯蒂格勒(Stigler)所言："信息成本是从一无所知变为无所不知的成本，极少有交易者能负担得起这一全过程。"我们经常愿意保留无知，因为获取信息太昂贵了。否则的话，人类将因分析而麻痹衰亡。① 正如库利指出的，我们大家都被迫挑选我们为了某种原因认为最有意思或是最重要的活动领域，于其中实施我们的选择；而对于其他一些事物，我们采取的保护自己的方法大多是用机械的控制。② 在机械的下意识的控制手段中，习惯就是其中一种重要的方式。关于这一点，还有很多相关论述，如勒杜(LeDoux)指出："我们日常生活大约只有不到万分之一的部分是理性能够指导的，其余绝大部分都是习惯性动作，是无意识的，……它们要么是由基因决定了的，要么是生下来之后马上就习得，从而不再需要经过大脑的。"③这是因为，选择和下决心使人耗费心神是人们普遍的经验。为此，在人的有限理性的情况下，无节制的进行选择活动会使人精疲力竭，许多人因此一蹶不振。④ 理性选择模型的朴素描述中所隐含的收集信息，进行计

① [德]柯武刚、史漫飞：《制度经济学：社会秩序与公共政策》，韩朝华译，商务印书馆2000年版，第64页。

② [美]查尔斯·霍顿·库利：《人类本性与社会秩序》，包凡一等译，华夏出版社1999年版，第68页。

③ 可参见汪丁丁：《制度分析基础讲义Ⅱ》，上海人民出版社2005年版，第263—264页。

④ [美]查尔斯·霍顿·库利：《人类本性与社会秩序》，包凡一等译，华夏出版社1999年版，第51页。

算的工作大概要花费超过任何一个人一生的时间和精力……任何企图作出完全理智的选择即理性选择的人,恐怕每周只能作少量决策,而不得不将数百个重要问题搁置一边了。有鉴于此,我们大多数都靠习惯和拇指规则来做日常决策。据此,习惯代表对逐案最大化的偏离。决策的质量下降了,但质量下降的损失可能被信息和决策成本的节约抵消还有余。①

与有限理性相似的是米契尔的制度理性。这种理性在两个方面不同于通常正统概念,其一,明确拒绝理性由逐案计算构成的思想。经济学可以处理理性思维频频在场的活动,但这里的"理性思维"不意味着每一次每一件事必须重新思考一遍。其二,并非所有生活领域都一样通行金钱和理性标准。某些生活

① [英]马尔科姆·卢瑟福:《经济学中的制度》,陈建波等译,中国社会科学出版社 1999 年版,第 82 页。关于这点,还有很多相关论述,如埃里克森就指出,审慎是耗费时间的,无休止的创新也有风险。所以,一个理性行动者也会选择某个行动进程,但不是从头开始计算,而是从一般的文化传统中,从角色理论中或从个人在试错实验后产生的个人习惯中汲取信息。可参见[美]罗伯特·C. 埃里克森:《无需法律的秩序——邻人如何解决纠纷》,苏力译,中国政法大学出版社 2003 年版,第 191 页。波斯纳也指出,情感是认知的一种方式。情感是与自然选择的逻辑相吻合的一种更深刻的理性。可参见[美]理查德·A. 波斯纳:《法律理论的前沿》,武欣等译,中国政法大学出版社 2003 年版,第 261 页。桑本谦也论述道,当精致推理所花费的费用高于错误决策的预期损失的时候,这种错误就是可容忍的。如果在任何时候都靠精致推理作出决策,我们将无法安排自己的生活。参见桑本谦:《私人之间的监控与惩罚——一个经济学的进路》,山东大学出版社 2005 年版,第 80 页。梅洛—庞蒂也说,理性行为不是从一切可能方案中选择最优的,而是在特定场景内根据充分理由做出决断。相关的论述还有很多,这里不一一列举。

领域建立起来的习惯和常规可能远不那么理性。[①] 制度经济学者克拉克也认为，大部分人类行为是习惯性的，是不以逐案计算为基础的。信息和决策成本是习惯产生的原因。[②] 为此，许多人类行为是由习惯来协调的。

（三）下意识与习惯的力量

上文笔者探讨了习惯的形成和习惯的下意识的特征，并从人固有的有限理性角度解释了习惯的下意识的功能。至此，可以进一步探讨“习惯为什么是有力量的”这个问题，也就是说从这个角度对这个问题进行回答。

从功能主义视角看，习惯在很大程度上弥补了人的有限理性所带来的不足。人脑的信息处理能力有限，人们只能在行动之前对有限的领域进行仔细算计，其余的领域则由习惯，经验和标准程序所控制。[③] 在汪丁丁看来，为了生存，我们必须将尽可能多的规则存放在潜意识结构而不是意识结构中。这些规则是我们的物种演化史和我们个人的经验史所决定的，那些重复出现的场景，关于它们的知识不必经过大脑，可以直接转化为无意

---

① ［英］马尔科姆·卢瑟福：《经济学中的制度》，陈建波等译，中国社会科学出版社 1999 年版，第 71 页。

② ［英］马尔科姆·卢瑟福：《经济学中的制度》，陈建波等译，中国社会科学出版社 1999 年版，第 73 页。

③ 参见［美］阿兰·斯密德：《制度与行为经济学》，刘璨等译，中国人民大学出版社 2004 年版，第 19 页。

识的行动规则。[①] 这种无意识的行动规则有很大一部分就是习惯。在詹姆斯看来，习惯带来了两个后果：第一，习惯使实现一个特定结果的动作简单化了，它使得动作更加精确并且减少了疲劳；第二，习惯减少了我们执行动作所需要的有意识的注意力。[②] 习惯简化了动作，使它们更准确，也减少了痛苦，即使环节多、技巧要求高的复杂活动也可以变得习以为常。为此，习惯有效地解决了"因为我们的理性不足以把握复杂现实的全部细节"所带来的问题。

从个人心智和思维来看，人们经常反复地遵循习惯行事，结果习惯行为变成了自发的行动。就是说，这种行动通常不带有任何有意识的因素。另外，一种行为越具有自发性，采取与其相反的行为就越困难，越需要有坚强的毅力，而且相反的行为通常会伴之以强烈的不愉快感。[③] 在库利看来，从人的本性而言，我们都会珍爱自己习惯的思想体系，任何以明显的蛮横态度对它加以亵渎的现象，都会使我们懊恼，甚至会引起我们的忿恨。所以，我们首要的倾向是抑制特异性。[④] 习惯性思想或许是通过那种宣布和执行这种规则的长者反复灌输而形成的，或许是由

---

① 汪丁丁：《制度分析基础讲义Ⅱ》，上海人民出版社 2005 年版，第 264 页。

② [美]威廉·詹姆斯：《心理学原理》(一)，郭宾译，中国社会科学出版社 2009 年版，第 247、251 页。

③ [美]弗兰兹·博厄斯：《原始人的心智》，项龙等译，国际文化出版公司 1989 年版，第 118 页。

④ [美]查尔斯·霍顿·库利：《人类本性与社会秩序》，包凡一等译，华夏出版社 1999 年版，第 208 页。

强调某种暗示而排除其他暗示的环境的随意压力而获得的。然而,不管这种规则是如何产生的,它能满足一种精神需求,而且如果没有遭到其他冲动过分强烈的抵制,那么它很可能被视为是强制性的,因为它是一种连续一致的思维方式。① 从人的心智来看,不符合习惯并与其有明显不同的行为方式一般会使人产生不快的情感。这是因为习惯性的思维方式深深植根于每个人的大脑中,成了他精神生活中不可分割的一部分,而背离这种习惯思维方式的现象直接使大脑感到焦虑不安。而且我们反对改变习惯完全不是出于有意识地逻辑推理,而主要是出于与习惯不协调的新观念所造成的感情效果。② 博厄斯的下面论述较完整地归纳了习惯的力量:传统是在个人的行为中表现出来的。这一行为重复的次数越多,变得越固定,人们对它的意识程度就越轻。所以,那些重复频率极高的习惯性行为变成了完全无意识的行为。与意识程度的削减相辅相成的是这些行为所具有的情感价值越来越被遗忘,同时违背习俗的行为越来越少。抑制固定化的行为要有更强的意志力,而伴随这种努力的是强烈的不快感。③ 这也符合心理学上的认知失调或认知不协调理论,

① [美]查尔斯·霍顿·库利:《人类本性与社会秩序》,包凡一等译,华夏出版社 1999 年版,第 263 页。

② [美]弗兰兹·博厄斯:《原始人的心智》,项龙等译,国际文化出版公司 1989 年版,第 118 页。

③ [美]弗兰兹·博厄斯:《原始人的心智》,项龙等译,国际文化出版公司 1989 年版,第 132 页。

这种理论认为，人们的思想里具有寻求一致性的基本需求。如一个想法与另一个想法意义相反，那么，其结果是导致不愉快状态或引起失调感。①

由此可见，习惯的强大力量在很大程度上是由于习惯是“深深植根于每个人的大脑中”，成为人的连续一致的思维方式和行为模式，而且这种思维方式和行为模式由于在很大程度上是下意识的或者是无意识的，习惯在很大程度上成为人的本能或天性，所以不能靠有意识地逻辑推理来改变，这就使其具有极其坚强的毅力。“习惯成自然”，成自然的东西要改变就会给人带来强烈的不快感。正如波斯纳指出的，习惯就跟上瘾一样，其成本——可能纯粹是心理上的——与时间成负相关，而其收益则与时间成正相关。一旦一种实践成为习惯性的，服从的收益—成本比率就会变成高度的正值，以至于即使因中断而产生的实际损害微不足道，中断也被认为是一项真正的成本。② 所以，如果一个行为被反复执行，那些，它就成为习惯性的。这不仅适用于可见的行为，而且也适用于心智过程和偏好。循环往复使这样的行为更加深刻地根深蒂固，达到了这一点，就很难考虑其他的行为方式，思考的新方式或评估它的周边环境的不同

① 参见[英]M. 艾森克主编：《心理学——一条整合的途径》，阎巩固译，华东师范大学出版社 2000 年版，第 587 页。

② [美]理查德·A. 波斯纳：《法律理论的前沿》，武欣等译，中国政法大学出版社 2003 年版，第 304 页。

方法。①

上文笔者从人的有限理性和人的心智探讨了习惯的相关问题，为此，从习惯与下意识的角度探讨的“习惯为什么有力量”问题可以用一句话来概括：习惯是与人的本性相关的，习惯的力量在于人本身。具体说来，考虑到我们的心智极限条件，有限的关注是有效的。为此，人的有限理性需要习惯的力量，而习惯性行为的不断重复使得意识的成分越来越少，进而在很大程度上成为下意识的行为。下意识的行为的改变给人带来的强烈的不快感，使得习惯具有很强的强制性。②

二、习惯与隐性知识

关于习惯，有学者认为，文化含有很多内在制度——习俗和习惯——来自实践，且很难予以清晰阐述，也很难孤立地传给不属于该文化的人们。因此，我们可以视文化为一套基本上不可言说的规则系统。③ 昂格尔也认为，习惯也缺乏实在性：它由一些含蓄的行为标准而不是公式化的行为规则构成。尽管这些标

① [德]埃克哈特·施里特：《习俗与经济》，秦海等译，长春出版社 2005 年版，第 4 页。

② 培根说，假如个人的单独的习惯其力量是很大的，那么共有的联合的习惯，其力量就更大得多了。[英]培根：《论习惯与教育》，《培根论说文集》，水天同译，商务印书馆 2003 年版，第 145 页。

③ [德]柯武刚、史漫飞：《制度经济学：社会秩序与公共政策》，韩朝华译，商务印书馆 2000 年版，第 196 页。

准常常十分精确，但它们基本上是心照不宣的标准。[①] 施里特也指出，日常惯例和习惯自发地建立在那些逃避我们的定期考虑的已经被感知的规律性基础之上。习俗的力量发挥作用经常是看不见的和默认的。因为保守主义和顺从而产生的不显眼的日常惯例经常躲避我们的意识。习惯性的态度和俗套强烈地影响思维和活动，并仍在很大程度上保留觉察不到的特征，它们是“隐含的”。[②] 从这些学者的论述可以看出，习惯作为一种社会规范与法律相比具有不同的特征：习惯基本上是不可言说的规则系统，是心照不宣的标准，是经常躲避我们的意识和“隐含的”。从知识论的视角看，习惯大体属于迈克尔·博蓝尼所提出的隐性知识。这里笔者将从“习惯与隐性知识”的角度探讨“习惯为什么有力量”这个问题。

(一)隐性知识概述

隐性知识，又称为个人知识、默认的知识、默会知识、行为知识、程序性的知识、不可言传的知识等等，[③]相关的英文有 tacit knowledge、inarticulate knowledge、personal knowledge 等等，是

---

① [美]R. M. 昂格尔：《现代社会中的法律》，吴玉章等译，译林出版社 2001 年版，第 47 页。

② [德]埃克哈特·施里特：《习俗与经济》，秦海等译，长春出版社 2005 年版，第 2、10 页。

③ 隐性知识，又称为个人知识、默认的知识，默会知识大多出自于博蓝尼，社会心理学通常用程序性的知识和隐性的知识，组织理论通常用行为知识。

迈克尔·博蓝尼(Michael Polanyi)1958年在其名著《个人知识》中首先提出的概念。[①] 后来该词被广泛运用于社会心理学、组织理论等领域。博蓝尼认为:"人类的知识有两种。通常被描述为知识的,即以书面文字、图表和数学公式加以表述的,只是一种类型的知识。而未被表述的知识,像我们在做某事的行动中所拥有的知识,是另一种知识。如果我们将前一种知识称为显性知识的话,那么我们就可以将后一种知识称为隐性知识。我们可以说,我们一直隐隐约约地知道我们确实拥有显性的知识。"[②]可见,在博蓝尼的理论体系中,隐性知识和显性知识是一对相对的概念。按照博蓝尼的理解,显性知识是能够被人类以一定符码系统(最典型的是语言,也包括数学公式、各类图表、盲文、手势语、旗语等诸种符号形式)加以完整表述的知识。隐性知识和显性知识相对,是指那种我们知道但难以言述的知识。[③]

博蓝尼在"The Tacit Dimension"(我国台湾地区的学者把它翻译为"默会致知")一文中指出,他的隐性知识和显性知识的理论可以溯源自莱尔的关于 knowing how 和 knowing that(我国台湾地区的学者把它翻译为"知如何"和"知何物",大陆学者翻译为"知道怎么做"和"那个事实",或者"知道如何"和"知道那

---

① [英]迈克尔·博蓝尼:《个人知识——迈向后批判哲学》,许泽民译,贵州人民出版社2000年版。

② Michael Polanyi. *Study of Man*, The University of Chicago Press, 1958,12.

③ 可参见百度百科"隐性知识"。

个”)区分。[①] 博蓝尼在“Knowing and Being”中指出:“在考察科学探索的根据时,我发现科学的进步在每一阶段上都是由难以界定的思想力量所决定的。没有规则能够解释我们如何发现一个好主意以开始一项探究,而关于某问题所提出的解决方案之证实或证伪,也没有严格规则。……科学发现不能通过明确的推论来获得,其正确主张也不能明确地加以陈述。科学发现只能由思想的默会能力来达到,其内容,就其是不确定的而言,只能默会地加以认识。”[②]这种知识是存在思考者脑海中的不被注意但对思考有潜移默化影响的知识。博蓝尼的隐性知识或默会知识的宗旨,在于揭露完全的明确知识的理想之虚妄,阐明明确知识的默会根源,证明默会知识在人类知识中的决定性作用。迈克尔·博蓝尼的“默会知识”指出了默会知识相对于其他知识的首位性命题。所以,我们事实上没有能力陈述指导我们行为的全部规则,我们不仅仅知道比我们能够说出来的多得多的知识,而且能够觉察到比我们能够说出来的多得多的知识。[③] 博

---

① 关于这点,可参见迈克尔·博兰尼:《博蓝尼讲演集》,台北联经出版事业公司 1985 年版,第 172 页;[英]吉尔伯特·莱尔:《心的概念》,徐大建译,商务印书馆 1988 年版,特别是第二章;另可参见[英]弗里德利希·冯·哈耶克:《法律、立法与自由》(第一卷),邓正来等译,中国大百科全书出版社 2000 年版,第 114 页。

② 可参见郁振华:《博蓝尼的默会认识论》,《自然辩证法研究》2001 年第 8 期;还可参见黄荣怀、郑兰琴:《隐性知识论》,湖南师范大学出版社 2007 年版,第 32 页。

③ 汪丁丁:《制度分析基础讲义Ⅱ》,上海人民出版社 2005 年版,第 264 页。

蓝尼在"The Tacit Dimension"中用一句经典的话概述了隐性知识的优先性：人所能知多于其所解言辩。①

我国学者进一步指出了隐性知识的特征：

1. 默会性或难以表述：不能通过语言、文字、图表或符号明确表述：隐性知识一般很难进行明确表述与逻辑说明，它是人类非语言智力活动的成果。这是隐性知识最本质的特性。

2. 个体性：隐性知识是存在于个人头脑中的，它的主要载体是个人，它不能通过正规的形式（例如，学校教育、大众媒体等形式）进行传递，因为隐性知识的拥有者和使用者都很难清晰表达。但是隐性知识并不是不能传递的，只不过它的传递方式特殊一些，例如通过"师传徒授"的方式进行。另外，这里需要区别"个体性"与"主观性"。博蓝尼认为，和主观心理状态之局限于一己的、私人的感受不同，个体知识是认识者以高度的责任心，带着普遍的意图，在接触外部实在的基础上获得的认识成果。可见，个体的不同于主观的，关键在于前者包含了一个普遍的、

① 可参见迈克尔·博蓝尼：《博蓝尼讲演集》，台北联经出版事业公司1985年版，第175页。该书170页还有类似表述：我们所能知道的事物多于我们所能言辩。如该书大陆学者一般把它翻译为：我们所认识的多于我们所能告诉的（We know more than we can tell）。哈耶克关于知识的两个论断基本上与博蓝尼的相似：明确的或有意识的知识（即知道那个的知识）乃植根于由文化传统形成的"知道如何"的默会知识之中；知识在本质上是实践性的知识，进而我们知道的要比我们能用语言表达的多。关于这点可参见邓正来：《自由与秩序：哈耶克社会理论的研究》，江西教育出版社1998年版，第69—139页。

外在的维度。

3. 非理性：显性知识是通过人们的“逻辑推理”过程获得的，因此它能够理性地进行反思，而隐性知识是通过人们的身体的感官或者直觉、领悟获得的，因此不是经过逻辑推理获得。由于隐性知识的非理性特征，所以人们不能对它进行理性地批判。

4. 情境性：隐性知识总是与特定的情景紧密相联系的，它总是依托特定情境中存在的，是对特定的任务和情境的整体把握。这也是隐性知识的很重要的特征。

5. 文化性：隐性知识比显性知识更具有强烈的文化特征，与一定文化传统中人们所分析的那个概念、符号、知识体系分不开，或者说，处于不同文化传统中的人们往往分享了不同的隐性知识“体系”，包括隐性的自然知识“体系”，也包括隐性的社会和人文知识“体系”。

6. 偶然性与随意性：隐性知识比较偶然、比较随意，很难捕捉，所以获取的时候就比显性知识要困难。

7. 相对性：这里的相对性有两层含义：一是隐性知识在一定条件下可以转化为显性知识，二是相对于一个人来说是隐性知识，但是同时对另一个人来说可能已经是显性知识，反之亦然。

8. 稳定性：与显性知识相比，隐性知识与观念、信仰等一样，不易受环境的影响改变；它较少受年龄影响，不易消退遗忘；也就意味着个体一旦拥有某种隐性知识就难以对其进行改造。这意味着隐性知识的建构需要在潜移默化中进行。

9. 整体性：尽管隐性知识往往显得缺乏逻辑结构，然而，它是个体内部认知整合的结果，是完整、和谐、统一的主体人格的有机组成部分，对个体在环境中的行为起着主要的决定作用，其本身也是整体统一，不可分割的。①

关于隐性知识，实际上我国也有一些相关论述，如“只可意会不可言传”。还有《庄子·田子方》的“若夫人者，目击而道存矣，亦不可以容声也”②。《庄子·天道》中齐桓公与轮扁的对话实际上也可以看成是我国古代有关的论述：

> 世之所贵道者书也，书不过语，语有贵也。语之所贵者意也，意有所随。意之所随者，不可言传也，而世因贵言传书。世虽贵之，我犹不足贵也，为其贵非其贵也。故视而可见者，形与色也；听而可闻者，名与声也。悲夫，**世人以形色名声为足以得彼之情！夫形色名声果不足以得彼之情，则知者不言，言者不知，而世岂识之哉？**
>
> 桓公读书于堂上。轮扁斫轮于堂下，释椎凿而上，问桓公曰：“敢问，公之所读者何言邪？”公曰：“圣人之言也。”曰：“圣人在乎？”公曰：“已死矣。”曰：“然则君之所读者，古人之糟魄已夫！”桓公曰：“寡人读书，轮人安得议乎！有说则可，无说则死。”轮扁曰：“臣也以臣之事观之。斫轮，徐则甘而

---

① 可参见黄荣怀、郑兰琴：《隐性知识论》，湖南师范大学出版社2007年版，第44—45页。

② 郭象注：“目裁往，意已达，无所容其德音也。”成玄英疏：“目裁运动而玄道存焉，无劳更事辞费，容其声说也。”

不可，疾则苦而不入。**不徐不疾，得之于手而应于心，口不能言，有数存焉于其间。臣不能以喻臣之子，臣之子亦不能受之于臣，**是以行年七十而老斫轮。**古之人与其不可传也死矣，**然则君之所读者，古人之糟魄已夫！”（《庄子·天道》上文黑体部分为笔者所加）

从上文中的论述可以看出，从知识论角度看，庄子把知识分为书本知识（圣人之言）和实践知识（“斫轮”知识），而这种分类大体上与博蓝尼的“隐性知识”和“显性知识”的分类相似。从斜体部分的论述可以看出，实践知识（“斫轮”知识）也即隐性知识具有与书本知识（圣人之言）不同的特点，如“世人以形色名声为足以得彼之情”，“知者不言，言者不知”，“口不能言，有数存焉于其间”，“不可传也”等都体现了实践知识（“斫轮”知识）相对于书本知识（圣人之言）的决定作用及其这类知识的特征。

对于隐性知识而言，还要探讨的一个重要问题是隐性知识的获得问题。对于隐性知识的获得问题，博蓝尼在“The Tacit Dimension”中做了系统的探讨。博蓝尼举了对人的脸进行认知的例子。他认为，如果我们认识某个人的脸，那么我们就能从一千张脸或一万张脸中与其他的脸区别开来去认知这张脸。但尽管如此，我们却难以就我们是怎么从其他的脸中去识别出这张脸作出明确的说明。这一识别的知识是很难用语言来代替的。我们在识别某人的脸这一行为中，包含了许许多多心情上的东西，但要说是以什么为指标进行认知的，我们却难以说出个所以然来。[①] 博蓝尼认为:“要教会这件事,只有依靠学生以聪慧的合作去把握说明的意义。……(明示的定义)这个哲学措辞里面藏着一个罅隙,要由我们要告以此字之意思的人的聪慧努力去接合。……我们的信息遗漏了我们无法言辩的什么,受信者必须发现我们无法言传的部分,才算是领会到信息。……我认为这是伟大而且不可或缺的默会力量(tacit power),一切知识的发现,以及发现之后的执以为真,都是这股力量之所为。”[②]所以,在博蓝尼看来,默会致知是我们发现和获得隐性知识的途径。这从博蓝尼所用的概念中可以看出来:tacit knowing(默会致知),强调的是 tacit 的 knowing(致知),tacit 有中国古代的“默而意传”的意思。在博蓝尼看来,隐性知识需要通过内化(internalization)[③]和摄悟(comprehend)[④]等方式来获得。希尔斯指出,不言而喻的知识(tacit knowledge)成分,以及洞见之类不宜应用原理和规则的东西,是不能以明确的语言进行传授的,而要通过内心联想,通过对动作执行者的典型行为的移情来获

① 这个例子可参见迈克尔·博蓝尼:《博蓝尼讲演集》,台北联经出版事业公司 1985 年版,第 170 页;对这个例子的分析可见 170 页;另可参见[日]猪木武德:《经济思想》,金洪云等译,生活·读书·新知三联书店 2005 年版,第 235—236 页。

② 迈克尔·博蓝尼:《博蓝尼讲演集》,台北联经出版事业公司 1985 年版,第 171 页。

③ 迈克尔·博蓝尼:《博蓝尼讲演集》,台北联经出版事业公司 1985 年版,第 182 页。

④ 迈克尔·博蓝尼:《博蓝尼讲演集》,台北联经出版事业公司 1985 年版,第 192 页。

得的。[1] 猪木武德也指出，只有通过“无批判”的模仿，才能学到无法言传的“技能”的规则。[2] 这与博蓝尼提出的默会致知的基础——“接受为师者的权威”是一致的：博蓝尼引用圣奥古斯丁的“除非你信，否则，你不会了解”的心得来说明这点。[3] 我国学者黄荣怀、郑兰琴在总结国外各个学者的观点的基础上归纳出获得隐性知识的几种途径：顿悟（斯腾伯格）；师徒传授（博蓝尼）；内隐学习（罗伯）；隐喻、象征、讲故事、深度会谈等。[4]

可以看出，隐性知识的获得方式与隐性知识的特征是密切

---

① [美]爱德华·希尔斯：《论传统》，傅铿等译，上海世纪出版集团 2009 年版，第 22—23 页。

② [日]猪木武德：《经济思想》，金洪云等译，生活·读书·新知三联书店 2005 年版，第 238 页。

③ 迈克尔·博蓝尼：《博蓝尼讲演集》，台北联经出版事业公司 1985 年版，第 212 页。

④ 可参见黄荣怀、郑兰琴：《隐性知识论》，湖南师范大学出版社 2007 年版，第 58—64 页。博蓝尼还认为隐性认识的关键是“内心留住”或“寓居”(indwelling)，对这个概念，黄荣怀、郑兰琴在《隐性知识论》第 39 页指出，在人的心智活动与认识过程中会产生大量的、与直接的表面而具体的东西不同的认识结果，它们是内在的、抽象的，因而不再容易表达出来（即使表达出来也难以为别人所理解）；它只能以“完善的形态”存在于（亲身）得到这些认识结果的人们的头脑中。——也就是，需要“内心留住”它们。如果要将它们表达出来，则它们就不再具有原先的完善形态了，而必须将其零碎地、具体地、片断地肢解开，才能将这些内在的认识结果“说”出来。然而这样一“说出”，马上就包含着矛盾。一方面，在“说者”看来，这种说出（这种表达）是努力要将整个认识结果全面地表达出来，因而在他看来所说出的东西仍然是完善的、活的。但另一方面，在“被说者”看来，这种说出又总是零碎的、死的、难以理解的；他/她没有从这种“说出”中直接得到一个整体的、完善的认识结果。

相关的。由于隐性知识的默会性或难以表述以及个体性，它的传递方式就不同于显性知识；隐性知识不能通过逻辑推理获得，而只能通过人们的身体的感官或者直觉、领悟获得的；隐性知识比较偶然、随意，很难捕捉，所以获取的时候就比显性知识要困难，隐性知识的建构需要在潜移默化中进行。所以，正如猪木武德指出的，不同于被称为“科学知识”的普遍的、带有法则性的知识的是，隐性知识是没有被组织化、系统化的有关特定场合，特殊情况的知识，是“无法定义的知识”，这种知识只能被“工作现场的人”作为不知不觉中学得的知识掌握了很多。① 一句话，隐性知识的获得更多地依靠默会式地移情方式，因为不可言传，所以只能默（意）会。

（二）从知识论角度看，习惯大体属于隐性知识

习惯与隐性知识是两个不同的范畴，而且考虑到习惯的复杂性，极端地论断“习惯就是隐性知识”无疑是不明智的，也是不成立的，因为有些习惯，特别是较为明确化的可以言传的习惯明显与隐性知识的特征不符。所以，笔者主张习惯大体属于隐性知识。笔者将从隐性知识的特征及获得方式角度来探讨。

从默会性或难以表述看，隐性知识一般很难进行明确表述与逻辑说明，它是人类非语言智力活动的成果，所以很难通过语

① ［日］猪木武德：《经济思想》，金洪云等译，生活·读书·新知三联书店2005年版，第242页。

言、文字、图表或符号明确表述。而对于习惯而言,正如哈耶克所说的,把业已确立的惯例或习俗明确表达为一项成文的规则,……这种做法只能够对人们在实践中明确知道的东西做一种不充分的且只是部分的表述。[①] 哈耶克接着指出,把确立已久的惯例用文字逐步加以阐明的过程,必定是一个缓慢而复杂的过程。人们最初在用文字表达大多数人于实践中遵循的惯例的方面所做出的那些相当笨拙的尝试。但是,阐明的规则不会完全替代未阐明的规则,而只能在一个尚未阐明的规则的框架内发挥作用并得到理解。[②] 这是因为我们事实上没有能力陈述指导我们行为的全部规则,我们不仅仅知道比我们能够说出来的多得多的知识,而且能够觉察到比我们能够说出来的多得多的知识。习惯作为经验性的规范,不一定可表达。经验者自己不一定知道经验,经验包括不被主体意识到的体验。这是因为作为习惯的经验,一则可能作为下意识的东西,行动者没有意识到;二则可能即使意识到但没法用话语形式表达,这类似于吉登斯所说的"实践意识",即行动者在社会生活的具体情境中无需明言就知道如何"进行"的那些意识。对于这些意识,行动者并

---

① [英]弗里德利希·冯·哈耶克:《法律、立法与自由》(第一卷),邓正来等译,中国大百科全书出版社 2000 年版,第 121—122 页。这是"未阐明的规则"优位于"阐明的规则"的思想的一个方面。

② [英]弗里德利希·冯·哈耶克:《法律、立法与自由》(第一卷),邓正来等译,中国大百科全书出版社 2000 年版,第 122 页。

不能给出直接的话语表达。[1] 所以，从默会性或难以表述看，习惯大体上符合隐性知识的特征。

从非理性上看，非理性是一个比较模糊的词，其内涵不明确，外延也很广。在这里我们所称的“非理性”主要是指“不能进行理性地批判”或者说“不适用逻辑推理”。正如我们前面所述的，从人的本性而言，我们都会珍爱自己习惯的思想体系，任何以明显的蛮横态度对它加以亵渎的现象，都会使我们懊恼，甚至会引起我们的忿恨。[2] 从人的心智来看，不符合习惯并与其有明显不同的行为方式一般会使人产生不快的情感。这是因为习惯性的思维方式深深植根于每个人的大脑中，成了他精神生活中不可分割的一部分，而背离这种习惯思维方式的现象直接使大脑感到焦虑不安。而且我们反对改变习惯完全不是出于有意识地逻辑推理，而主要是出于与习惯不协调的新观念所造成的感情效果。[3] 这符合心理学上的认知失调或认知不协调理论，人们的思想里具有寻求一致性的基本需求。如一个想法与另一个想法意义相反，那么，其结果是导致不愉快状态或引起失调

---

① ［英］安东尼·吉登斯：《社会的构成》，李康等译，生活·读书·新知三联书店 1998 年版，第 42 页。

② ［美］查尔斯·霍顿·库利：《人类本性与社会秩序》，包凡一等译，华夏出版社 1999 年版，第 208 页。

③ ［美］弗兰兹·博厄斯：《原始人的心智》，项龙等译，国际文化出版公司 1989 年版，第 118 页。

感。[①] 从这些论述可以看出,“珍爱”、“懊恼”、“忿恨”、“不快的情感”、“焦虑不安”、“感情效果”、“不愉快状态”、“失调感”等都是带有很强的主观因素和情感要素的词,这也说明了习惯的非理性特征:对于成自然的习惯就基本上不能指望通过逻辑推理或说理来改变行动者对习惯的情感,这是因为按照许茨的观点,常识性看法的特点就是不再询问其理由。所以,从非理性的特征看,习惯也具有隐性知识的特征。

从情境性看,所谓隐性知识的情境性,是指隐性知识总是与特定的情景紧密相联系的,它总是依托于特定情境而存在的。正如汪丁丁所说的,隐秘知识的一个非常重要的形式是依托于“场景记忆”的,所以叫做“场景知识”。[②] 场景知识就是格尔兹所说的“局部知识”或地方性知识。哈贝马斯的《后形而上学思想》中的相对语词是“情境理性”,指特定场合内的理性,依赖于情境的理性,知识即情境知识。[③] 与追求高度统一性和普遍适用性的国家法不同的是,习惯(俗)具有地方性的特点:如百里而异习,千里而殊俗(《晏子春秋·问上》);千里不同风,百里不共雷(汉·王充《论衡·雷虚》);离家三里远,别是一家风(明·吴承恩《西游记》第15回);百里不同风,十里不同俗,等等。魏德

① 参见[英]M. 艾森克主编:《心理学——一条整合的途径》,阎巩固译,华东师范大学出版社2000年版,第587页。

② 汪丁丁:《制度分析基础讲义I》,上海人民出版社2005年版,第131页。

③ 关于情境理性,可参见[德]于尔根·哈贝马斯:《后形而上学思想》,曹卫东等译,译林出版社2001年版,第155页。

士在论述语言时说，语言的内容必须经过若干人的共同实践，并在社会交际中达成一致。它一切的词意、内容联系和使用规则都是在某个语言群体的"群体意识"中逐渐积累起来的。[①] 如果我们把语言换成习惯，同样也是恰当的，而且"某个语言群体的群体意识"与特定的情景是紧密相联系的。为此，习惯是情境性的，它与地方性的特殊的情景、具有共同实践的特定群体密切联系。为此，从情境性看，习惯也具有隐性知识的特征。

从文化性看，隐性知识的文化特征是指，与一定文化传统中人们所分析的概念、符号、知识体系分不开，或者说，处于不同文化传统中的人们往往分享了不同的隐性知识体系，包括隐性的自然知识体系，也包括隐性的社会和人文知识体系。可以看出，文化性的特征与情境性的特征是紧密相连的。正如施里特指出的，场景依赖意味着文化影响是普遍存在的。[②] 习惯与文化之间的密切关联性是显而易见的，文化被以不同含义加以使用，[③]

① [德]伯恩·魏德士:《法理学》，丁小春等译，法律出版社2003年版，第74页。

② [德]埃克哈特·施里特:《习俗与经济》，秦海等译，长春出版社2005年版，第64页。

③ 在柯武刚和史漫飞看来，文化被按下列不同含义加以定义和使用:耕作，安排好的有机物生长(最初拉丁文中的含义);心智方面一种正常的较佳状态或秉性，如有文化的人;社会发展中的一种高智识和高道德状态;有关艺术工作和知识工作的机构。可参见[德]柯武刚、史漫飞:《制度经济学:社会秩序与公共政策》，韩朝华译，商务印书馆2000年版，第195页。英格利斯形容文化:变化多端，规模宏大，海纳百川，极富争议。可参见[英]弗雷德·英格利斯:《文化》，韩启群等译，南京大学出版社2008年版，第28页。

但较为公认的是人类学之父爱德华·伯内特·泰勒于1871年给文化的定义：文化……就其宽泛的民族学意义来讲，是一个复杂的统一体，它包括知识、信仰、艺术、道德、法律、习俗，以及人作为社会成员所获得一切其他能力和习惯。[①] 在泰勒看来，文化是“一个人作为社会成员所获得的全部能力和秉性”。由文化来沟通个人与社会群体间的张力。[②] 所以，习惯是包含在文化之中的，是文化的一小部分。按照格尔兹的论述：“我与马克斯·韦伯一样，认为人是悬挂在由他们自己编织的意义之网上的动物，我把文化看作这些网……”[③]所以，人是文化的人，生活在文化中的人与习惯的密切关系可见本尼迪克特的论述：“落地伊始，社群的习俗便开始塑造他的经验和行为。到咿呀学语时，他已是所属文化的造物，而到他长大成人并能参加该文化的活动时，社群的习惯就是他的习惯，社群的信仰就是他的信仰，社群的戒律亦已是他的戒律。每个出生于他那个群体的儿童都将与他共享这个群体的那些习俗，而出生在地球另一面的那些儿

---

① [美]卢克·拉斯特：《人类学的邀请》，王媛等译，北京大学出版社2008年版，第47—48页。

② 相关论述可参见[德]柯武刚、史漫飞：《制度经济学：社会秩序与公共政策》，韩朝华译，商务印书馆2000年版，第196页。类似的，霍贝尔认为，文化是一个社会的成员表现和分享的，后天得到的行为方式的完整一致的总和。可参见[美]霍贝尔：《原始人的法》，严存生等译，法律出版社2006年版，第7页。

③ [美]克利福德·格尔兹：《文化的解释》，纳日碧力戈等译，上海人民出版社1999年版，第5页。

童则不会受到这些习俗的丝毫影响。”①因此，从文化性看，习惯也具有隐性知识的特征。

从稳定性看，隐性知识的稳定性意味着个体一旦拥有某种隐性知识就难以对其进行改造，这意味着隐性知识的建构需要在潜移默化中进行。对于习惯的稳定性或者根深蒂固而言，休谟的论述是十分精彩的：“我们从婴儿时起就习惯了的所有那些对事物的意见和概念，都是非常根深蒂固的，我们即使用理性和经验的全部力量，也无法把它们拔除；这种习惯就其影响而论，不但接近于那个由因果的恒常而不可分离的结合所养成的习惯，而且在许多场合下甚至压倒了那种习惯。”②再考虑到上文论述过的习惯的下意识的特征，习惯性行为的不断重复使得意识的成分越来越少进而在很大程度上成为下意识的行为，下意识的行为的改变给人带来的强烈的不快感使得习惯具有很强的强制性。所以，如果一个行为被反复执行，那些，它就成为习惯性的。这不仅适用于可见的行为，而且也适用于心智过程和偏好。循环往复使这样的行为更加深刻地根深蒂固，达到了这一点，就很难考虑其他的行为方式，思考的新方式或评估它的周边环境的不同方法。③ 基于以上的论述，从稳定性看，习惯也具有

① ［美］鲁思·本尼迪克特：《文化模式》，王炜等译，社会科学文献出版社 2009 年版，第 2 页。

② ［英］休谟：《人性论》(上册)，关文运译，商务印书馆 1980 年版，第 136 页。

③ ［德］埃克哈特·施里特：《习俗与经济》，秦海等译，长春出版社 2005 年版，第 4 页。

隐性知识的特征。

从获得方式看,在博蓝尼看来,内化、默会是隐性知识获得的重要方式。对于习惯的形成,汪丁丁指出,碰到场景太多了就沉淀到习惯里,然后进入本能,再转化到基因。这样就变成习惯性行为。① 汪丁丁在解读习惯的形成时用了社会心理学和(脑)神经科学。而有的学者则强调社会遗传,如所有文化都是习得的而不是生物学遗传的。人们与文化一起成长,因而学会自己的文化,文化藉以从一代人传递到下一代人的过程被称为濡化。经濡化,人们学会在社会上恰如其分地满足自己生物的需要。②"社会遗传"或濡化这种对于文化的机制,对作为文化的一部分的习惯,也是适用的。这种"社会遗传"或濡化的过程用米德的话说就是"内化"的过程,认同团体的一种感受,其结果是将团体的价值观作为自己的价值观。这些价值观进入个人自己的动机系统,深刻地统治着个人的行为和信念,使之完全步调一致。③

---

① 汪丁丁:《制度分析基础讲义Ⅱ》,上海人民出版社 2005 年版,第 311 页。

② [美]威廉·A.哈维兰:《文化人类学》,瞿铁鹏等译,上海社会科学院出版社 2006 年版,第 42 页。

③ 关于习惯的形成,是一个复杂的问题,除了以上的理论,还有很多。如行为主义者强调,行为主要由环境决定。如华生论断,给我一打健康婴儿……在良好的、由我自己作主的环境里,我保证可以将任何一个婴儿培养成我想培养的专家、医生、律师……甚至于乞丐、小偷,不管他的天分、能力……祖先种族如何。社会学习论者同意行为主义者提出的情景对行为的影响很重要,但他们比行为主义者更加重视各种内部过程的作用。可参见[英]M.艾森克主编:《心理学——一条整合的途径》,阎巩固译,华东师范大学出版社 2000 年版,第 719 页。

以上的观点对于解释习惯的形成或获得都有一定的说服力和解释力，但是对于像习惯这样如此复杂的现象，我们应该自觉抵制简约主义的诱惑，试图用单一视角和单一理论来解释习惯的问题。也许把以上理论结合起来阐释更加接近事实的真相，但是问题在于各种理论的逻辑和结论之间并不是融洽的，而是有矛盾的。为此，还是要在兼顾全面性的同时关注重点。对于习惯的获得而言，除了拉尔夫·林顿所说的"社会遗传"外，对于主要作为非可言传知识的习惯，更多的获得方式应该是博蓝尼所主张的"默会致知"。不可言传（或不言而喻）的知识能在"边干边学"的过程中通过实践和内化获得。① 对于隐秘知识的这种通过亲身实践来习得的过程阿罗把它称为"干中学"（learning by doing）。② 而"干中学"的过程往往是潜移默化（默会）的过程。之所以不能有意识地系统获得习惯，是因为习惯作为日常的知识主张，是通俗不过的常识，阐述起来经常是支离破碎、缺乏联系的。另外，我们事实上没有能力陈述指导我们行为的全部规则，我们不仅仅知道比我们能够说出来的多得多的知识，而且能够觉察到比我们能够说出来的多得多的知识。也就是说大量的习惯属于哈耶克意义上的"未阐明的规则"。还有大部分习惯属于"只可意会不可言传"。

---

① ［德］柯武刚、史漫飞：《制度经济学：社会秩序与公共政策》，韩朝华译，商务印书馆 2000 年版，第 68 页。

② Kenneth J. Arrow, "*The Economic Implications of Learning by Doing*", *Review of Economic Studies*, Vol. 29, pp. 155-173.

综合以上的对习惯特征和获得方式的分析，习惯大体上属于隐性知识。

（三）隐性知识与习惯的力量

对习惯的隐性知识特征的分析，为进一步探讨"习惯为什么是有力量的"这个问题奠定了基础。

前文已经指出，博蓝尼的隐性知识或默会知识的宗旨，在于揭露完全的明确知识的理想之虚妄，阐明明确知识的默会根源，证明默会知识在人类知识中的决定性作用，指出了默会知识相对于其他知识的首位性和优先性。就法律与习惯而言，只有"法律中心主义"的观点才认为，政府的作用就是个体间法定权利之操作规则的唯一创造者。法律中心论的信念是国家是规则和执行活动的主要渊源。法律与秩序的说法隐含的是，政府独享对不轨行为的控制。① 而大量的法社会学的研究成果都显示了"法律中心主义"的谬误，如涂尔干就指出，法律只反映了生活的一部分，它只向我们陆续提供了一些不完整的材料，并不足以用来解决问题。② 在涂尔干看来，习惯是法律的基础。埃利希也指出，人类行为的规则和法官据以裁决法律争议的规则可能是大不相同的两回事，因为人类确实并不总是依照适用于其纠纷

---

① ［美］罗伯特·C. 埃里克森：《无需法律的秩序——邻人如何解决纠纷》，苏力译，中国政法大学出版社 2003 年版，第 5、167 页。

② ［法］埃米尔·涂尔干：《社会分工论》，渠东译，生活·读书·新知三联书店 2000 年版，第 28 页。

裁决的规则来行为的。[①] 在涂尔干看来，人们据以行为的规则并不等于据以裁判人们行为的规则。还有埃里克森指出无需法律之秩序的普遍存在，认为人们常常以合作的方式化解他们的纠纷，而根本不关心适用这些纠纷的法律。人们也许会用他们自己的规则来补充甚至事实上是废止国家的规则。埃里克森通过对夏斯塔县牲畜越界争议之解决的研究发现，法律规则对夏斯塔县牲畜越界争议之解决几乎没有任何影响。大多数居民并不依据正式规则化解他们的纠纷，他们依据一些与邻人合作的基本规范相一致的日常规范。越界冲突一般不是在“法律的阴影”之中解决的，而是，毋宁说，是在阴影之外解决的。[②] 类似的论述还有很多。习惯对于社会秩序的基础性作用是非常明显的。可以说，可能有“无需法律的秩序”，但绝没有“无需习惯的秩序”。哈耶克认为，阐明的规则不会完全替代未阐明的规则，而只能在一个尚未阐明的规则的框架内发挥作用并得到理解。[③] 套用哈耶克的术语，法律不会完全替代习惯，而只能在习惯的框架内发挥作用并得到理解。习惯对人类生存和社会秩序的基础性作用与习惯作为“隐秘知识”分布在无数普通人的头脑

---

① [奥]欧根·埃利希：《法社会学原理》，舒国滢译，中国大百科全书出版社2009年版，第9页。

② [美]罗伯特·C.埃里克森：《无需法律的秩序——邻人如何解决纠纷》，苏力译，中国政法大学出版社2003年版，第6、47、57、63页。实际上埃里克森的著作的书名“无需法律的秩序”本身就表明了埃里克森的立场。

③ [英]弗里德利希·冯·哈耶克：《法律、立法与自由》(第一卷)，邓正来等译，中国大百科全书出版社2000年版，第122页。

里有关。但是，习惯的这种基础性作用经常被有意无意地忽视。习惯的基础性作用被忽视的原因是多方面的，一则如前所述习惯是成自然的东西，所以习惯是司空见惯从而在很大程度上是无意识或者是下意识的，它经常保留觉察不到的特征（隐含的）从而躲避我们的意识。这正如我们周围的空气一样，尽管空气对我们而言是必不可少的，但是因为司空见惯我们反而经常意识不到它的重要性。① 其次，习惯从知识的角度看是零零散散或未加验证的知识，是碎片化的，所以在很大程度上是不可言传的。习惯存在太多的“只可意会不可言传”的成分从而导致习惯的表述是困难的，在一定程度上是不可能的。即使表达出来也是零零散散的无法系统化的。这也导致法学家特别是注重理论逻辑自洽性和精密性的实证主义法学家或法律中心主义者忽视习惯。最后，习惯的基础性作用不受重视还与研究者“重异态轻常态”的理论旨趣有关。正如新闻学理论上的“狗咬人不是新闻，人咬狗才是新闻”所揭示的人们具有的或多或少的猎奇心理一样，对于常态性的事物人们往往予以忽视。而习惯的基础性作用往往是属于常态的，而常态的东西往往是平淡的。基于以上的原因，习惯的基础性由于习惯的固有特性及其研究或描述

---

① 施里特在论述习俗时就指出，习俗以非常自然的方式影响动机、信念和行为，在这样的情况下，社会和经济过程的习俗性基础就很难辨别，并且有时候甚至是看不见的。日常惯例和习惯自发地建立在那些逃避我们的定期考虑的已经被感知的规律性基础之上。[德]埃克哈特·施里特：《习俗与经济》，秦海等译，长春出版社 2005 年版，第 1—2 页。

方面的困难往往被理论界所忽视了。但是,被忽视不等于不重要或不存在,让我们再一次细细咀嚼约瑟夫·熊彼特的格言:"如果人类不把绝大多数的日常行为融入(不假思索的)'习惯'并把这些习惯传承下去,那么社会将无法维持哪怕是一天的日常生活。"①

从隐性知识的角度看,习惯的力量还在于习惯与普通民众之间的亲近性。习惯大部分作为隐性知识,属于不可言说的东西,使用的是一些粗糙和不严谨的语言,但是表现得是那么的生动、充分和有意义。② 用句时髦的话,习惯相对而言是更为原生态的。如"草屋年年盖,一代管一代"、"桃花夹竹"③等习惯对于法学家而言可能很粗糙,也不精确,对于普通民众而言则有很强的亲近感。另外,从习惯的获得方式来看,行动者获得习惯更多的是通过无意识地默会地方式,这种方式类似于米德所强调的"内化",而通过内化,行动者团体的价值观(习惯)作为自己的价

---

① 汪丁丁:《在经济学与哲学之间》,中国社会科学出版社 1996 年版,第 275 页。

② 参见张永和:《信仰与权威》,法律出版社 2006 年版,第 89 页。张永和的表述对于习惯而言也是适用的,甚至可以说相比于习惯法而言,习惯更为粗糙,但也更生动、充分和有意义。

③ "草屋年年盖,一代管一代"是河南省伊阳等五县习惯,是指"凡卑幼为法律行为,仅须得其父母同意,高、曾、祖三代无干涉之权"。"桃花夹竹"是我国福建省福鼎县的习惯,是指"福鼎,妇人夫死,恒带子女改嫁,有时其子即娶后夫、前妻所生之女,其女即配后夫、前妻所生之子,父子母女间分别各成婚配,俗称'桃花夹竹'"。具体可参见前南京国民政府司法行政部编:《民事习惯调查报告录》,中国政法大学出版社 2005 年版,第 3、753 页。

值观,这些价值观进入个人自己的动机系统,深刻地统治着个人的行为和信念,使之完全步调一致。正如休谟所说的,习惯对于心灵有两种原始的效果,一种是使任何行为的完成或对任何对象的想象顺利无阻;一种是以后使它对于这种行为或对象有一种趋向或倾向。① 为此,由于大部分习惯对于普通民众而言是通过默会的方式习得的,所以一则民众对习惯不会感到陌生或者过于压抑的强制,二则民众接受习惯非常自然,从而认同感较高。正如密尔指出的,绝大多数似乎是不证自明的观念都是在习惯的神秘影响下形成的。

所以,从隐性知识的角度,可以发现习惯的力量在于,一是习惯对社会秩序的基础性作用;二是普通民众对习惯的认同感较高,民众对习惯有较强的亲切感。当然习惯这两个方面的力量不是割裂的,而是有密切的联系的,可以说是互为因果的关系:因为习惯是基础性的,无所不在的,所以民众自呱呱落地起就沐浴在习惯之中,习惯通过各种方式进入民众的生活,进入民众的意识进而成为民众的下意识,为此对习惯产生亲切感;同样也正因为普通民众对习惯的认同感较高,民众对习惯有较强的亲切感,习惯才能成为民众自觉适用、自觉遵守和认同的规范,铭刻在公民的内心里,习惯比国家法更加贴近普通民众生活,对普通民众的影响更大,相对于悬空的较为抽象的国家法,习惯更为实在,与普通民众之间的关系也更直接。也只有这样,习惯才

① [英]休谟:《人性论》(下册),关文运译,商务印书馆 1980 年版,第 460 页。

能成为社会秩序的基础。

三、习惯与实施成本

在法律中心论者看来，国家强制力量是无比强大的，公共惩罚资源是无限可取的。基于此，“法律中心论”的一个典型特征是蔑视非正式社会规则以及私人之间的监控和惩罚所发生的社会功能。① 但越来越多的学者开始意识到法律中心论者假设的问题，正视法律实施的成本。② 越来越多的相关研究成果出现，如据西方学者调查研究，超过五分之四的美国人认为，诉讼成本过于高昂。大约四分之三的美国人认为，过多的诉讼伤害了国家的经济。③ 弗兰克认为，假如每一个可能的法律诉讼都变成实际的诉讼的话，那么社会将会分崩离析。④ 德国学者估计，如果没有自发性服从，政府靠强制在任何时候最多只能执行全部

---

① 桑本谦：《私人之间的监控与惩罚——一个经济学的进路》，山东大学出版社 2005 年版，第 8 页。法律中心论者的观点可参见 Oliver E. Williamson, Credible Commitments: Using Hostages to Support Exchange, *American Economic Review*, Vol. 73, 1983. 4, pp. 519-540.

② 如尼尔·K. 考默萨的《法律的限度——法治、权利的供给与需求》就从司法资源的妥当分配的视角探讨权利的供给和需求的问题。[美]尼尔·K. 考默萨：《法律的限度——法治、权利的供给与需求》，申卫星等译，商务印书馆 2007 年版。

③ Deborah L. Rhode, *In the Interests of Justice: Reforming the Legal Profession*, Oxford University Press, 2000, p. 125.

④ [美]杰罗姆·弗兰克：《初审法院》，赵承寿译，中国政法大学出版社 2007 年版，第 13 页。

法律规范的3%～7%。[①] 魏德士也指出，一个人有了刺刀可以做很多事情，但是要长久地依靠它却是不行的。[②] 就此而言，司法的成本是法律的局限性或限度的一个重要原因。德国法学家耶林说，没有国家强制力的法律是“一把不燃烧的火，一缕不发亮的光”，对于其他社会规范如道德、宗教等而言，强制力也是不可或缺的。对于习惯也是如此，正如制度经济学家阿兰·斯密德指出的，制裁是结构（在作者那里，结构是指人们选择的制度方案——引者注）的重要组成部分。从广义的角度看，这是从同样状态下要求不断提高重复行为可能性的环境中得到的回馈。制裁范围可以从法院系统实施的罚款到某一参照群体所施加的社会压力和排斥等。[③] 据此，可以看出，规范的实施机制如实施成本、实施机构、实施力量保障等是评价规范的有效性时需要考虑的重要因素之一。为此，在探讨“习惯为什么有力量”的问题时也应该考虑习惯的实施成本问题。

在探讨这个问题之前，首先应该指出的是，规范所依靠的制裁形式是非常多样的，甚至可以说基本上不可能把制裁形式完

---

① [德]柯武刚、史漫飞：《制度经济学：社会秩序与公共政策》，韩朝华译，商务印书馆2000年版，第167页。

② [德]伯恩·魏德士：《法理学》，丁小春等译，法律出版社2003年版，第155页。

③ [美]阿兰·斯密德：《制度与行为经济学》，刘璨等译，中国人民大学出版社2004年版，第18页。埃利希也指出，强制并非法律规范的特有属性。可参见[奥]欧根·埃利希：《法社会学原理》，舒国滢译，中国大百科全书出版社2009年版，第64页。

全地一一列举出来。如康芒斯就指出，制裁的种类是三重的：道德的、经济的、暴力的。[①] 而且三种制裁是分不开的，它们之间与其说存在着确切的界限，毋宁说只有一个过渡的区域。而霍贝尔也论述了奖惩方式的多元性问题，他认为，积极的奖赏包括从糖果、微笑、拍肩、鼓掌到荣耀的地位、奖金、勋章和荣誉状，还有死后的祀奉。而否定的方式从努努嘴、皱皱眉、嘲笑谩骂、故意刁难、拒绝赴宴到经济上的剥夺、肉体上的折磨、长期的被社会排斥、关押或者去永远被社会排斥的地方——处死。[②] 康芒斯和霍贝尔的论述表明了制裁形式的复杂性和多样性，[③]这是理解"社会规范都是有强制力的"这个观点很重要的一点。除了

① 可参见[美]康芒斯：《制度经济学》(下)，于树生译，商务印书馆 1962 年版，第 375 页。

② [美]霍贝尔：《原始人的法》，严存生等译，法律出版社 2006 年版，第 14 页。斯普林克尔也指出，他人的不满……乃是有力的约束，……社会上的孤立，是可怕的惩罚。[英]S. 斯普林克尔：《清代法制导论》，张守东译，中国政法大学出版社 2000 年版，第 122 页。桑本谦也指出，面子观念发挥了独特的社会控制功能，成为维护习俗和习惯法的一种强迫机制。闲言碎语是私人对违反规范行为的一种信息惩罚，它是通过破坏声誉从而阻止人们与违规者打交道来实现的。桑本谦：《私人之间的监控与惩罚——一个经济学的进路》，山东大学出版社 2005 年版，第 77、145 页。关于"面子"、"脸面"，可参见[英]S. 斯普林克尔：《清代法制导论》，张守东译，中国政法大学出版社 2000 年版，第 123—125 页；另可参见黄国光、胡先缙等：《面子——中国人的权力游戏》，中国人民大学出版社 2004 年版。

③ 托马斯·莱塞尔也指出，强制或强或弱，种类和效力方式不一样，强度也不断变化。[德]托马斯·莱塞尔：《法社会学导论》，高旭军等译，上海人民出版社 2008 年版，第 168 页。在同书的 203 页以下，莱塞尔还论述了制裁的多种表现形式。

了解制裁形式的多元性以外，我们还要注意“没有哪种制裁形式具有普遍作用”[①]和不同制裁形式的强度问题。之所以没有哪种制裁形式具有普遍作用，按弗里德曼的解释是因为制裁的作用是以经验作为根据的问题。人们对制裁的评价不同。他们对痛苦的承受力不同，对金钱刺激的反应也不同。[②] 除了弗里德曼所指出的原因以外，之所以没有哪种制裁形式具有普遍作用，还因为制裁形式作用的发挥是高度语境化或具有很强的地方性，语境不一样，制裁形式的有效性也就不一样。完全相同的制裁形式，在不同的场域刺激和结构中，会产生不同的甚至是相互对立的结果。另外，与“没有哪种制裁形式具有普遍作用”相联系的，制裁形式的强度也是相对的，如弗兰克就指出：“一个人将不得不考虑诸如害怕嘲笑，期望公众尊敬，声望，社会习惯等这些被 J. S. 密尔归纳为‘传统主义权威’的强制力，与违反法律规则相比，大多数人更少可能违反社会礼仪。比如，与盗窃相比，大部分人更少可能只穿内衣就只出现在公共场所。”[③]法人类学家波斯比西强调：“法律制裁重要检证来自其有效的社会控制。一些心理上的制裁，虽非身体上的性质，但都比后者来得更具控

---

① [美]劳伦斯·M. 弗里德曼：《法律制度》，李琼英等译，中国政法大学出版社 2004 年版，第 93 页。

② [美]劳伦斯·M. 弗里德曼：《法律制度》，李琼英等译，中国政法大学出版社 2004 年版，第 93 页。

③ [美]杰罗姆·弗兰克：《初审法院》，赵承寿译，中国政法大学出版社 2007 年版，第 13 页。

制力。嘲笑、逃避、自我克制……可能比体罚来得更强烈，后者我们过分强调它的分量……”[1]马克斯·韦伯也指出，在某些基本条件下，非暴力的强制手段比暴力手段更有效。[2] 不同的制裁形式的强度具有相对性，从学理上部分可以用福柯的权力理论来解释。福柯的权力理论强调权力关系论，主张权力是一种关系，是“一个永远处于紧张状态的活动之中的关系网络”[3]。为此“权力应当作为流动的东西，或作为只在链条上才能运转的东西加以分析。权力从未确定位置，它从不在某些人手中，从不像财产或财富那样被据为己有”[4]。福柯认为，传统权力观将权力看作物，关注的是“权力在谁手里”、“权力由谁支配”等有关统治权的问题，但是权力实质上要复杂得多，它是各种力量关系的、多形态的、流动性的场。只存在着某种关系性的权力，它在无数个点上体现出来，具有不确定性，而不是某人可以获得、占有的一种物，权力纯粹是一种关系，是一种结构性的活动。我们可以把制裁理解为权力关系的运作，而这种关系主体强弱中间是流变的，不存在恒强恒弱的问题。举例说来，传统的理论认为

---

① 引自林端：《法律人类学简介》，[英]马林诺夫斯基：《原始社会的犯罪与习俗》，原江译，云南人民出版社 2002 年版，第 106 页。

② [德]马克斯·韦伯：《论经济与社会中的法律》，张乃根译，中国大百科全书出版社 1998 年版，第 17 页。

③ [法]米歇尔·福柯：《规训与惩罚》，刘北成等译，生活·读书·新知三联书店 1999 年版，第 28 页。

④ [法]米歇尔·福柯：《必须保卫社会》，钱翰译，上海人民出版社 1999 年版，第 27—28 页。

国家权力是强大的，为此国家强制力为支撑的制裁也就相对强大，但按福柯的权力关系论，国家权力在特殊的场合可能是弱小的，如在“山高皇帝远”的地方，国家权力就由于“强弩之末势不能穿鲁缟”而处于弱势，为此，国家强制力为支撑的制裁也就相对弱小。① 正如科特威尔指出的，社会制裁的压力可能起与国家制裁方式相反的作用，甚至更为严厉和不可抗拒。②

按照杰克·奈特的观点，社会制度通过建立社会预期来影响策略决策。它们通过两个机制达到这一点：信息提供和制裁。③ 据此，研究习惯的实施机制及其成本就可以从信息提供和制裁两个角度来探讨。

从信息提供的角度看，在奈特看来，制度具有共同特征：第一，一个制度是一套以某些方式构建社会互动的规则；第二，一套规则要成为制度，相关团体和社会的每个成员都必须了解这些规则。④ 应该注意的是，奈特提出的第二点对于制度而言应该是应然的或者是理想化的，因为如果考虑到收集信息的成本

---

① 这方面还可参考布迪厄的“现实的就是关系的”的理论。可见[法]皮埃尔·布迪厄、[美]华康德：《实践与反思》，李康等译，中央编译出版社 1998 年版，第 133 页。

② [英]罗杰·科特维尔：《法律社会学导论》，潘大松等译，华夏出版社 1989 年版，第 34 页。

③ [美]杰克·奈特：《制度与社会冲突》，周伟林译，上海人民出版社 2009 年版，第 50 页。

④ [美]杰克·奈特：《制度与社会冲突》，周伟林译，上海人民出版社 2009 年版，第 2 页。

或者是交易费用，我们可以发现人们对制度的实际了解程度并没达到奈特所要求的“都必须”的程度，如埃里克森就多次指出，普通人对适用日常生活决定的实体私法了解很少，法律知识的稀少是常态的；纳入了交易费用，所以突显了非实体性规范的重要性；交易费用导致人们在许多情况下有意不理睬法律；因为信息费用高昂，不能假设人们既了解法律又信守法律。① 就此而言，如果考虑到信息成本或交易费用，就可以发现对法律的执行而言，普通民众不知道法律是影响法律执行效果的一个重要问题。而对于习惯而言，这个问题的影响相对而言较小。这与前文探讨的习惯是隐性知识的特征及其习惯的获得方式有关。前文提到，习惯是无所不在的，民众自呱呱落地起就沐浴在习惯之中，习惯通过各种方式进入民众的生活，进入民众的意识进而成为民众的下意识。就此而言，习惯的学习基本上属于民众生活的一部分，新一代人通过模仿与强化的方式学习现有的习惯。这种学习由于本身是生活的一部分主要通过潜移默化的方式实

---

① [美]罗伯特·C.埃里克森：《无需法律的秩序——邻人如何解决纠纷》，苏力译，中国政法大学出版社2003年版，第175、212、346、347页。在该书的176页以下埃里克森举了很多“普通人对适用日常生活决定的实体私法了解很少”的实例。在该书的57页，埃里克森指出，在现实中，人们的法律知识都不完美，因为法律的搜寻成本很高，并且人的认知能力也有限。大多数居民并不依据正式规则化解他们的纠纷，他们依据一些与邻人合作的基本规范相一致的日常规范。埃里克·A.波斯纳也指出，实际上，大多数人对法律了解不多，不会让自己的法律知识对自己与他人的关系产生较大影响。见[美]埃里克·A.波斯纳：《法律与社会规范》，沈明译，中国政法大学出版社2004年版，第20页。

现，所以总体而言是不需要额外的成本的，或者即使需要成本，成本也是低廉的。当然这也与法律和习惯与普通民众的关系距离不同有关。大体而言获取信息的成本与关系距离是成正比的：关系距离越近，获取信息的成本也越小；反之，关系距离越远，获取信息的成本也越大。关系距离还与获取信息的意识投入程度相关：关系距离越近，无意识获得信息的可能性越大，反之，关系距离越远，无意识获得信息的可能性越小。所以，从获取信息的方式和付出成本两个角度看，习惯优于法律。

从制裁方式来看，法律的执行需要国家司法资源的投入，可以说法治是昂贵的。这是因为法律的执行需要国家强制力的参与或保障。那么习惯是怎么实施的呢？成本又如何呢？这两个问题都与习惯的强制力量来源有关。所以，实际上两个问题又可以转化为习惯的强制力量来源问题。对于习惯的强制而言，可以分为内部强制和外部强制。

从内部强制看，习惯的内部强制来源于相沿成习，人们感到这样的行为是正确的。关于这点，马克斯·韦伯的论述是富有启发性的。他认为，习惯是指在没有任何（物理的或心理的）强制力，至少没有任何外界表示同意与否的直接反映的情况下做出的行为。惯例是一种典型的、根据常规的统一行动。行动者习惯于这样做，并毫不思索地模仿着做。这是一种集体性行动，没有谁"要求"这样做。传统缔造了习惯，一定事件的重复往往产生"应该"的特点。仅仅是行为模式的习惯，维持这种习惯的本能以及传统，就会产生有利于习惯性法律秩序的强大影响。

法律和习惯的“应该”观念，只不过是行为者预计自己行动结果的可能性程度不一。所以，韦伯认为，对于个人行为而言，“习惯”的存在也许比法律实施机制更有效，强制力产生的法律秩序“效力”不如作为“惯例”的习惯以及它的“惯性”。[①] 马克斯·韦伯的观点简单地概括就是：习惯的实施机制主要来源于行动者“应该”的信念，这种强制力比法律实施机制更有效。简而言之，习惯的内部强制主要来源于“习惯成自然”，正如施里特指出的，反复的行为循环产生了权利和义务的感知，人们将感觉到激励去遵循习惯性的行为方式。一种行为规律性产生了一种权利的感知，以及捍卫这一权利和执行这一权利的愿望。[②] 也就是说，行动者本身通过习以为常而使习惯规范内在化，这就使行动者对习惯采取类似哈特提出的“内在观点”，违反习惯会给行动者带来不快感以及由此产生的罪恶感，为此违反者把违反行为理解为对自己的成本。正如波斯纳所说的，罪恶感尤其可能被认为是一种自动的或自我执行的制裁，因为违反者把违反行为理解为对自己的成本。[③] 卢瑟福也表达了类似观点：社会规范还可能被内部化，这时规范不再需要外部的约束。规范的维持依

① [德]马克斯·韦伯：《论经济与社会中的法律》，张乃根译，中国大百科全书出版社 1998 年版，第 1、2、20、26、27、32 页。

② [德]埃克哈特·施里特：《习俗与经济》，秦海等译，长春出版社 2005 年版，第 14、112 页。

③ [美]理查德·A. 波斯纳：《法律理论的前沿》，武欣等译，中国政法大学出版社 2003 年版，第 302 页。

赖个人的自我价值意识。违反社会规范可能使个人产生负罪感或良心上的不安。[①] 莱塞尔也指出，在团体及其团体成员的共同生活中产生了社会强制和经济强制，其发挥的作用超过了所有国家惩罚措施。人们通常在小时候就开始练习这种“社会规范强制”，并逐步进入人们感情，成为生活的一部分。[②] 习惯的这种内部强制还可用我们上文提到过的习惯的下意识特征及其产生的后果来解释。总之，习惯的内部强制很好地保证了习惯的实施，而且这种执行方式成本是较为低廉的。

虽然内部强制是保证习惯得到遵守的一个重要方面，但是仅仅有内部强制是不够的。因为内部强制主要靠行动者意识上的惯性来实现，这种惯性尽管较为稳固，但是如果遇到利益的冲击，习惯的内部强制的基础就会坍塌。这个时候就需要外部强制来实现习惯的实施。正如奈特指出的，构成社会基础的非正式制度产生于自发形成的过程。这些非正式的习俗和准则，通过提供有关社会行为人预期行为的相关信息，稳定了社会预期并构建了社会生活。由于这些规则是自我实施的，所以它的有效性取决于社会行为人在多大程度上相信遵守这些规则是符合

① [英]马尔科姆·卢瑟福：《经济学中的制度》，陈建波等译，中国社会科学出版社 1999 年版，第 64 页。

② [德]托马斯·莱塞尔：《法社会学导论》，高旭军等译，上海人民出版社 2008 年版，第 74 页。

他们利益的。[①] 奈特的观点提供了一个分析问题的思路：自我实施的规则（包括习惯）的有效性取决于社会行为人在多大程度上相信遵守这些规则是符合他们利益的。如果社会行为人相信遵守这些规则是符合他们利益的程度较低，那么行为人理性的选择就是采用机会主义的态度，选择不遵守这些规则，反之，则采用遵守规则的行为方式。那么，习惯如何保证得到实施的呢？习惯能够有效地自我实施与习惯主要运作于熟人社会有关。[②] 正如弗里德曼指出的，面对面的小团体有重大的力量源泉。同等地位集团的力量有时仅仅在于害怕"邻居会怎么想？"，然而，这可能是一种强大的制裁，能给人严重创伤，遭到排斥是最严厉的惩罚之一。同等地位者不仅是制裁的源泉，也是模仿和灵感的源泉。[③] 类似的，奈特也指出，制裁的必要性取决于双方的关系：如果这是个别的，一次性交换，则制裁可能显得更重要；而如

---

① [美]杰克·奈特：《制度与社会冲突》，周伟林译，上海人民出版社2009年版，第179页。

② "习惯主要运作于熟人社会"与习惯的地方性有关。关于习惯的地方性，可见前文有关习惯的情境性的论述。关于习惯的地方性，还有很多论述，如汤普森指出，公共权利的习惯法以及关于这些权利的口碑传说，像地理学一样具有特殊性和地方性的特点。可参见[英]爱德华·汤普森：《共有的习惯》，沈汉等译，上海人民出版社2002年版，第138页。我国学者张生也指出，（民事）习惯是一种地方性法律事实。可参见张生：《民国初期民法的近代化》，中国政法大学出版社2002年版，第48页。

③ [美]劳伦斯·M.弗里德曼：《法律制度》，李琼英等译，中国政法大学出版社2004年版，第124—125页。

果交换是持续关系的一部分，则制裁显得并不那么重要。① 当然，值得注意的是，奈特的“制裁”的含义显然比较狭隘，更多地偏重于较为正式的制裁。关于熟人间的合作或不合作及其原因的研究最为出色的当属博弈论的研究，以及运用博弈论进行的相关研究，如埃里克森运用博弈论进行的法社会学研究。这些理论对于习惯的运作机制同样具有很强的解读力、解释力以及说服力，下文就借鉴这些研究成果进行习惯运作机制的研究。

按博弈论的观点，重复博弈强有力地增进了合作。重复的囚徒困境赋予每个博弈者一种明确无误的实施自助制裁的权力。这一权力来自两个特征的结合，首先，在每一局博弈中，报酬表的结构使每个博弈者都有能力令对方博弈者的境况更好(或更糟)；其次，博弈是重复的。由于重复博弈，行动者时刻有未来受报复的前景，权力普遍配置是这一博弈中固有的。② 权力普遍配置意味着群体中每个成员都有某些权力资源；有便利的机会行使权力；有源源不断的自助执行的便利机遇。重复博弈造成了正在进行的多面向关系的文明格局，这种紧密交织的关系使他们能够运用非正式规范来解决大多数问题。重复博弈

---

① [美]杰克·奈特：《制度与社会冲突》，周伟林译，上海人民出版社2009年版，第79页。

② [美]罗伯特·C. 埃里克森：《无需法律的秩序——邻人如何解决纠纷》，苏力译，中国政法大学出版社2003年版，第218页。关于重复博弈，还可参见埃里克·A. 波斯纳的分析，见[美]埃里克·A. 波斯纳：《法律与社会规范》，沈明译，中国政法大学出版社2004年版，第20页。

一般发生在关系密切的群体之间。对于关系密切的界定，埃里克森认为，当非正式权力在群体成员中广泛分布并且与非正式控制相贴切的信息很容易在他们之间流通时，这一群体就是关系密切的。关系紧密之群体被界定为这样一个社会网络：其成员对相互运用对抗的权力拥有可信且互惠的前景，并且对有关昔日和目前的内部事件有很好的信息供给。① 对此，社会学家莎莉·恩格尔·莫莉提出社会有效合作的最精髓的前提条件是"关系紧密和持久的社会网络"以及"同质的规范和价值"。隐含于持久的社会网络的既有信息交换的预期，又有权力回报的预期；隐含于价值同质这一概念的是关于如何评价活动的客观后果的一致看法。② Oliver E. Williamson 把社会关系分复合和简单关系，复合关系是两人多方面的交往。存在持续复合关系的前景保证了未来有很多机遇实行自助性制裁。一个身陷持续的复合关系的人已经把自己的部分未来福利作为抵押交给了别人。③ 据此，重复博弈一般发生在复合关系之中，在这关系中存在的是"关系紧密和持久的社会网络"以及"同质的规范和价

---

① ［美］罗伯特·C. 埃里克森：《无需法律的秩序——邻人如何解决纠纷》，苏力译，中国政法大学出版社 2003 年版，第 217、221—222 页。在第 223 页，埃里克森还指出了影响"关系密切"的变量：互惠权力、未来权力行使和信息网络。

② ［美］罗伯特·C. 埃里克森：《无需法律的秩序——邻人如何解决纠纷》，苏力译，中国政法大学出版社 2003 年版，第 218 页。

③ Oliver E. Williamson, Credible Commitments: Using Hostages to Support Exchange, *American Economic Review*, Vol. 73, 1983. 4, p. 519.

值”。在复合关系中，纠纷只是全面交织的持续关系中的一根线。埃里克森具体举了相邻业主的关系、边界栅栏、挡住视线的树、获取太阳能、土地共同业主间的关系等例子来说明有复杂的持续关系的近邻之间如何处理纠纷的问题。[①] 彼得·M.布劳也指出，即使不存在任何能被实施的有约束力的契约，人们通常会履行他们的社会义务。……不履行社会义务所引起的多重惩罚构成了履行它们的压力。群体凝聚力促进了关于规范标准的共识的发展及这些共享规范的有效实施，因为伙伴关系的整合纽带加强了群体的非正式制裁（比如谴责和排斥）对每个个体成员的意义。[②]

习惯的运作机制更多地类似于多重博弈，因为习惯主要是调整熟人之间的关系，行为者之间属关系密切的群体从而他们之间是复合关系，另外行为者一般共享和认同习惯，所以习惯的实施一般不需要正式的实施机制。如斯普林克尔指出，集体的嘉许或非难的力量，在任何小群体中都是很强大的。[③] 麦考利

---

① [美]罗伯特·C.埃里克森：《无需法律的秩序——邻人如何解决纠纷》，苏力译，中国政法大学出版社2003年版，第334—339页。埃里克森还研究了房东在住房客之间的关系，认为较前两类，引起的诉讼较多，但在租赁期结束之前一般避免诉讼。在住房东肯定比不在住房东更多地非正式解决与房客的纠纷，并发现博弈结束期的关系和博弈中期的关系时处理纠纷的不同。见第340—342页。

② [美]彼得·M.布劳：《社会生活中的交换与权力》，李国武译，商务印书馆2008年版，第153、106页。

③ [英]S.斯普林克尔：《清代法制导论》，张守东译，中国政法大学出版社2000年版，第123页。

的经验性研究表明，“如果你还想继续留在商界”[①]的考虑基本上就能保证商人之间不依靠法律而遵从商人之间的习惯：持续性关系促进合作。这种例子还有很多，如上文指出的弗里德曼的研究以及埃里克森的研究。简而言之，习惯由于主要调整熟人之间的关系，而这种关系是复合关系，是长期的重复博弈，这个事实为习惯的实施提供了强大的外部强制。从强制的实施成本上看，由于复合关系导致行为人一般倾向于主动遵守习惯，或强迫行为人遵守习惯的方式是类似于破坏名誉的担心、社会声誉的考虑、闲言碎语、白眼、“逐出”等非正式的手段，则这些手段的实施成本是低廉的，所以总体而言习惯的实施成本是廉价的。

综上所述，习惯的实施成本是低廉的。这是因为习惯的特征决定了习惯的习得是低成本的。而从制裁角度上看，习惯的实施成本也是较低的。为此，正如波斯纳所说的：“能最有效自我执行的规范，是那些以有益的制裁为其构成成分的规范。”[②]而对于习惯而言，有益的和有效的制裁是习惯的重要组成部分，所以习惯至少相比于法律而言是能最有效自我执行的规范。回到“习惯为什么有力量”这个问题，习惯具有的有效的、廉价的实

---

① Stewart Macaulay, Non-Contractual Relations in Business: A Preliminary Study, *American Sociological Review*, Vol. 28, 1963, pp. 55-67. [科特威尔也指出，人们通常按习惯行事，……避免坏名声。可参见[英]罗杰·科特维尔：《法律社会学导论》，潘大松等译，华夏出版社 1989 年版，第 33 页。

② [美]理查德·A. 波斯纳：《法律理论的前沿》，武欣等译，中国政法大学出版社 2003 年版，第 301 页。

施方式是习惯有力量的重要原因之一。

在本节中，笔者从下意识、隐性知识、实施成本等三个角度探讨了“习惯为什么有力量”这个问题。应该补充说明的是，首先，三个角度并不是回答“习惯为什么有力量”这个问题的所有角度，而只是笔者认为其中较为重要、较具有说服力的角度。其次，三个角度之间并不是截然分离的，而是密切联系的。在上文的论述中，笔者已经提到过习惯的下意识与习惯的隐性知识的特征的关系，而且也提到过习惯的下意识特征与习惯的隐性知识的特征对习惯的实施成本的影响。因此，三个角度只是理论上的区分，对习惯而言实际上是一体的。最后，下意识、隐性知识、实施成本三个方面固然说明了“习惯有力量”的部分原因，但是应该看到，由于本节的研究主题所限，笔者只是论述了下意识、隐性知识、实施成本三个视角对“习惯有力量”的方面，对于下意识、隐性知识、实施成本三个方面所蕴含的习惯的局限性或习惯的限度方面，将在下章研究。

第三节　习惯不确定吗？

在比较习惯与法律时，一个常见的观点是，相比于习惯而言，法律更能够提供确定的指引。隐含的观点就是，习惯常常不准确或者含混不清，为此导致习惯（提供的指引）是模棱两可的、不确定的。如昂格尔就指出，习惯也缺乏实在性：它由一些含蓄的行为标准而不是公式化的行为标准所构成。与成文法相比，习惯特别不准确。[①] 埃里克森也指出，规范常常含混不清，因为它们必须从弥散的做法中推断出来。由此，法律体系也许在颁布明确规则上有比较优势：事实上，法律体系一个很有用的功能也许就是将非正式规则明确化了。[②] 类似的论述还有很多。由此习惯的不确定似乎是习惯的局限性之一。在很大程度上，习惯的不够确定成为司法拒绝习惯的理由。

"习惯不确定吗？"这个问题似乎与"习惯为什么有力量"主题有所脱节，但是基于以下考虑，在这里研究这个问题是合适的：首先，如果说第二节是从下意识、隐性知识、实施成本等三个角度来论述习惯是有力量的或者习惯的力量来源，也就是说三个方面是习惯的力量支撑的话，那么作为习惯的所谓的局限性之一的"习惯的不确定"就是习惯的力量的削弱或消减因素，所以在此分析习惯的不确定以探讨这个因素有没有削弱以及在多大程度上削弱习惯的力量无疑是合适的。其次，"习惯不确定吗？"这个问题的分析和探讨所运用的理论资源与本章第二节所用的下意识、隐性知识等有密切联系，为此在此"趁热打铁"分析"习惯不确定吗？"这个问题无疑是有一定的道理的。

"习惯不确定吗？"这个问题可以分解为几个问题：习惯在什么意义上是不确定的？习惯为什么有上述学者说的不确定？习

① ［美］R. M. 昂格尔：《现代社会中的法律》，吴玉章等译，译林出版社2001年版，第47页。

② ［美］罗伯特·C. 埃里克森：《无需法律的秩序——邻人如何解决纠纷》，苏力译，中国政法大学出版社2003年版，第311页。

惯的不确定与指引的确定性之间关系如何?

仔细分析本节开头昂格尔和埃里克森的论述可以发现,他们所谓的习惯的不确定性是有特定的参照物的,即习惯的不确定是相对于成文法/法律体系而言的。按照法理学的理论,法律明确规定人们在一定的条件下可以做什么、应当做什么或不应当做什么,这个指引是确定的。[①] 而习惯更多地由一些含蓄的行为标准构成,必须从弥散的做法中推断出来,如埃里克森指出,信奉一个主导规范:邻人之间要合作,强调友邻重要性,并给出许多具体例子,但从没有详细阐述如何行为的一般公式。[②] 从法律的标准上看,习惯就或多或少地缺乏那么一点确定性。所以,习惯的不确定性更多地是法律中心论者以法律的标准来衡量习惯的结果。

习惯的不确定性与上节所论述的习惯的特征有关。习惯作为大体上具有下意识特征的规范,很难用语言表达,很大程度上具有"只可意会不可言传"的成分,大部分属于不可言传的知识。汪丁丁曾指出,知识的希腊词根是"gnoo-",包含三层意思:(1)熟悉的、亲切的、私己的;(2)经验的、专业的、劝诫的;(3)客观的、系统的、科学的。可在当代英语里,知识(knowledge)只包含(2)的一部分和(3)的全部,不再含有(1)的意思。这说明,在

① 虽然美国的现实主义法学也指出法律的不确定性,但是主流观点还是坚持法律的确定性。

② [美]罗伯特·C.埃里克森:《无需法律的秩序——邻人如何解决纠纷》,苏力译,中国政法大学出版社2003年版,第63页。

知识传统内，私人体验正在逐渐消失。[①] 汪丁丁的论述用罗素的话说，知识驱逐(1)的过程就是知识的客观性增强的过程，通过驱逐私人性的成分，知识逐渐客观确定。而习惯由于包含着很多的私己性的东西，所以很难用语言特别是客观语言描述出来。这就造成了法律中心论者所谓的习惯的不确定。

习惯的不确定性还与习惯的运作机制相关。如前所述，习惯的运作一般都是发生在复合关系之中的重复博弈，在复合关系中，纠纷只是全面交织的持续关系中的一根线。与法律关系的简单性(法律关系大多是一维的关系)相比，习惯所处理的复合关系就复杂得多，这种关系的处理就困难得多，需要不断地历练，如"世事洞明"、"人情练达"，而这种关系就随着情境的不同和关系人的不同，内容和处理方式就得有相应的变化。正如，美国学者彼得·M.布劳指出的，社会交换涉及的是这样的原则，一个人帮了另一个人的忙，尽管存在对某种未来回报的一般期望，但其确切性质并没有在事前作出明确的规定。社会交换不是加以精确规定的义务。社会交换所包含的利益没有根据一种单一的定量的交换媒介确定的准确价格，这是为什么社会义务是未加规定的另一个原因。这是一个实质性的事实，而不单单是一个方法论问题。个体在社会交换中所招致的义务仅仅用一

---

① 汪丁丁:《制度分析基础讲义Ⅱ》，上海人民出版社2005年版，第52页。

般的、有点弥散的术语加以规定。① 虽然布劳的论述是针对社会交换的，但考虑到习惯在社会交换中的基础性作用，用这个论述来描述习惯仍是非常恰当的。

习惯的不确定性还与其表述方式相关。汤普森指出了习惯的诸多表述方式，如老人的回忆录、巡视报告、不成文的信条、社会规范以及在实践中的约定俗成，等等。汤普森进一步指出，在某种极端的例子中，习惯被清晰地加以界定，当作法律来强制实施；而在很多领域，习惯只属于实际行为和口耳相传，在此习惯是模糊不清的。② 与法律采用精确的、通用的专业术语不同的是，习惯的表述更多采用形象的、通俗的、地方性的语言（如谚语就是习惯的一种常用表述方式），如“走地不走社”（绥远习惯）、“房塌烂价”（台安县习惯）、“头年房子过年地”（榆树县习惯）、“碾磨千家用，打水不用问”（潞城县习惯）、“桃花夹竹”（福鼎县习惯），等等。③

在分析了习惯在什么意义上是不确定的及其原因之后，接下来探讨习惯能不能提供确定的指引的问题。格莱斯（Grice）

---

① [美]彼得·M.布劳：《社会生活中的交换与权力》，李国武译，商务印书馆2008年版，第148—150页。在该书156页，布劳还指出，对履行义务过于急切是忘恩负义的一种形式。把（过于急切）履行义务（显然是合法行为）视为忘恩负义显然要放在具体的语境中才能理解。

② [英]爱德华·汤普森：《共有的习惯》，沈汉等译，上海人民出版社2002年版，第101—103页。

③ 这些习惯均引自《民事习惯调查报告录》，可参见《民事习惯调查报告录》，中国政法大学出版社2005年版，第8、27、32、123、753页。

认为，讲话者要考虑四个原则：第一个原则：数量原则，即讲话者应当提供必要的、足够的信息，但不能太多。但讲话者怎样才能确信自己遵守了数量原则呢？奥尔森指出，语境是一个相关因素。比如只有一个男孩站在讲话者所指的方向，只要说"那是我儿子"就足够了，但是如果同时有几个男孩，就要说：那个穿红毛衣、戴棒球帽的是我儿子。另一个因素是克拉克和卡尔森所称的"共同背景"，它包括说话者和听话者共有的知识和信念。两个好朋友之间比普通人之间具有更多的共同背景。第二个原则：质量原则，讲话者应该讲真话。第三：关系原则，讲话者应该集中谈与情景有关的内容。第四：方式原则，讲话者应尽力让自己说的东西容易让人理解。① 格莱斯的讲话四原则，特别是第一个原则，对于我们分析习惯的确定性是有极大的启发意义的。也就是说，一个规范或话语能不能理解、能不能确定与语境和共同背景有关。所以，单纯地说习惯或法律确定或不确定并没有多大的意义。

正如弗里德曼指出的，明确易懂的关键不在于语言，而在于社会理解。明确的语言本身不能传递信息，还需要信息能通过的途径。② 吉登斯认为，只有通过考察谈话过程的情境安排，才

---

① ［英］M. 艾森克主编：《心理学——一条整合的途径》，阎巩固译，华东师范大学出版社 2000 年版，第 359 页。

② ［美］劳伦斯·M. 弗里德曼：《法律制度》，李琼英等译，中国政法大学出版社 2004 年版，第 69 页。

能把握日常语言用语的多义性在会话过程中获得的“意义界限”。[①] 奈特也指出，制度规则解释中的歧义性，与社会成员共同分享规则的程度有关。[②] 所以，规范如习惯是否确定，一个很重要的因素是习惯所规范的主体之间共享规则的程度。用胡塞尔的术语就是主体间性，即“我知道他知道……”[③]。共同知识的假设：如果我希望与你合作，那么我理性地推测你是否理性地与我合作。而这一推测又依赖于你是否理性地推测我是否理性地与你合作……为此，汪丁丁指出，没有主体间的意义，规则就难以被落实。对制度而言，意义分享具有核心重要性。意义不能分享，则制度就可能瓦解。[④] 而对习惯而言，习惯所规范的主体之间基本上都是存在长期的多方面交往的复合关系，共同的经历导致高度共同的信息共享。群体凝聚力促进了关于规范标准的共识的发展及这些共享规范的有效实施。魏德士分析了人

---

① [英]安东尼·吉登斯：《社会的构成》，李康等译，生活·读书·新知三联书店 1998 年版，第 146 页。

② [美]杰克·奈特：《制度与社会冲突》，周伟林译，上海人民出版社 2009 年版，第 77 页。

③ 这实际上就是一个大家共享的知识传统的问题，这个分析哲学用“主体间性”，而社会理论用“道德共识”，哈耶克则用“传统”来表述。吉登斯也论述了这个问题，在日常接触中包含了大量舒兹所说的“知识库存”，我更乐意称之为“共同知识”，行动者的意识无法直接觉察到这种共同知识。这样的知识绝大多数是实践性的，人们要想能够在社会生活中持续完成各种例行活动，它们是必不可少的组成部分。[英]安东尼·吉登斯：《社会的构成》，李康等译，生活·读书·新知三联书店 1998 年版，第 64 页。

④ [英]安东尼·吉登斯：《社会的构成》，李康等译，生活·读书·新知三联书店 1998 年版，第 88 页。

类之间的语言理解，认为语言的理解只有在语言“共同体”中才是可能的。这是因为，人类之间的语言理解其实是发出和接受信息的复杂的协动过程。只有那些具备足够的对象观念的人才能驾御和理解语言，而这种现象的形成则取决于感知与经验。然而，对话伙伴几乎不会意识到上述过程的多层次性。任何说（写）或听（读）的人，其实要求他的语言伙伴具备足够的观念，否则就不可能正确理解所要传达的信息。① 再者，习惯是经由时间认可的社会规范。它描述的是一个信号传递均衡，由于时间赋予这些信号以显著性，所以它们比其他社会规范要求的行动更少模糊性。②

所以，正如波斯纳所指出的，习惯就像语言一样，是一个复杂的、变化缓慢的、高度分散的精确的规则系统。③ 对于处于关系紧密和持久的社会网络之中的具有同质的规范和价值的共同体而言，本节开头所谓的习惯的不确定性所带来的指引的不明确是不存在的，习惯所带来的指引尽管分散、弥散，但也一样的精确。

---

① [德]伯恩·魏德士：《法理学》，丁小春等译，法律出版社 2003 年版，第 75 页。

② 可参见[美]埃里克·A. 波斯纳：《法律与社会规范》，沈明译，中国政法大学出版社 2004 年版，第 51 页。

③ [美]理查德·A. 波斯纳：《正义/司法的经济学》，苏力译，中国政法大学出版社 2002 年版，第 183 页。

第三章　习惯力量限度探析

上一章从下意识、隐性知识、实施成本等角度分析了“习惯为什么有力量”的问题，探讨了习惯的效力来源，并对习惯不确定这个命题进行了评析。在本章中笔者将探讨习惯的局限性，或者说习惯的力量限度的问题。应该说，本章与上一章有密切的关系，因为习惯效力来源本身也限定了习惯的力量的限度。如上一章谈到习惯主要规范关系紧密和持久的社会网络之中的具有同质的规范和价值的共同体，这一点使得习惯的实施成本是低廉的，但这一点也在很大程度上限定了习惯的有效作用范围，即习惯只能在“关系密切之群体”之间或复合关系中有效运作。

第一节　国内相关研究及其评价

关于习惯的作用限度，这个问题国内学者研究并不多。主要原因在于:学界在论述习惯(法)[①]时更多关注习惯(法)弥补国家法不足的功能,也就是说更多地关注国家法的局限性或作用限度,而对于习惯(法),更多谈论它的积极意义。另外,学界对习惯的生发机制和运作机制缺乏系统和深入研究也导致对习惯的作用限度难以做深入研究。在笔者的阅读范围内,关于习惯的局限论述得较为全面的是田成有,他认为,即使我们非要把这些规范叫做习惯法,我们也不能太迷恋和沉醉于这种所谓的习惯法之中,因为习惯法自身存在很多弊端,它无法与国家法在同一层次上媲美和抗衡,需要小心使用。(1)习惯法的适用范围有限的、有边界的。习惯法出自特定的社会区域,它只对该地区的全体成员有效,作用范围非常有限。在一定的边界范围内,习惯法是一套节约交易费用的有效装置,但超出一定的边界,习惯法就作用不大了,或者说就可能需要采用另一种习惯法,正所谓"十里不同风,百里不同俗"。可见,如果真有所谓的习惯法,习惯法也只能在特殊类型的社会关系中,如亲缘关系、地缘关系、熟人交往圈、民间组织网络等这样的社会关系中才能起作用,脱离了一定的社会关系网络,超出了一定的边界,习惯法也就自然失效。换句话说,习惯法可以在相对封闭和相对熟悉的熟人社会里或者特殊的人际关系里很管用。显然,习惯法的这种缺陷是与国家法的统一性、普适性相矛盾的,它不适应现代市场经济

① 习惯(法)这种表述是基于国内学者对习惯和习惯法在论述时经常是不分的,具体可见第三章第一节。

的发展需要和人与人交往复杂、频繁的现实，无疑是上不了大台面的。(2)习惯法本身是不成文的、非正式的。绝大多数习惯法的产生是在长期的生产、生活中逐渐自然形成的，有些则是通过共同议定和约定而成，它没有什么外部力量的干预和教促，其产生后，主要通过口头、行为、心理进行传播和继承，它的实施也主要靠情感、良心的心理认同和价值利益取向的共同性以及社会舆论的保障。习惯法的这种特性，不像国家法那样具有严格的制定程序和文字表现形式，无疑也带来了一定的弊端。比如它的不成文性、不确定性，有一种“道常无为，而无不为”，“大象无形，道隐无名”的感觉，再加上它没有必要的监督，没有必要的强制力，仅靠“内在”的统治和良心的维系，这也只管得了君子却管不了小人，管得了好人管不了恶人，犹如在沙滩上建房子——很软。(3)习惯法往往是围绕着特定地区、特定人员的生产、生活的日常事务、婚嫁丧娶、节日喜庆、人情往来进行规定，而且这些约定很多都是偏重于对财产、婚姻家庭及本小区的生产资料的保护，在内容上以朴实、简洁、方便、合理、易操作见长，告诉人们做什么、如何做，实体内容和程序混杂，甚至没有严格的程序、手段可供遵循，习惯法的这些优点也正好是它的缺点，比如习惯法简洁、方便、成本低，它可能有效率，却失去了正义，它可能在实体上赢得了正义，却在形式上变得极不合理，比如它可以解决简单的小型纠纷，却对大型的复杂的冲突与纠纷无能为力，甚至无权化解或代替国家法。①

之所以大段引用田成有的论述，是因为，田成有上文的论述在国内有关习惯法的局限性的研究中，概括是最为全面的，论述也是比较充分的。另外，值得注意的是，尽管田成有的论述是针对“习惯法”，但是如果联系上下文可以发现，在田成有的理论概念体系中，“习惯”与“习惯法”是不分的。如在该文中，田成有明确指出，“习惯法”这一概念最早由谁发明和使用，似乎已无从考证和没有必要追究。仔细分析，所谓的习惯法实质不是法，而是习惯，或者说就是社会中通行的具有普遍性、权威性的习惯做法。……总之，习惯和习惯法只是**一种不同的称谓而已**，在我眼里，两者是**没有多少实质区别**的。②（黑体为引者所加）所以，田成有关于习惯法局限性的论述对于习惯同样是适用的。

从研究方法上看，田成有的研究基本上属于就法论法的研究方式，更多地采用法学研究的单一视角。本书的研究则更多地运用社会学、经济学等的理论，试图对习惯的局限性进行多视角、多维度的研究。从内容上看，虽然本书同意田成有对习惯具有的局限性的判断，但本书对习惯作用限度的分析与田成有的虽然有相似之处，但是也有一些不同。非法律合作的体制总是在某些方面优于、在另一些方面劣于法律的解决方法。③

---

① 田成有：《“习惯法”是法吗？》，《云南法学》2000年第3期。

② 田成有：《“习惯法”是法吗？》，《云南法学》2000年第3期。

③ [美]埃里克·A.波斯纳：《法律与社会规范》，沈明译，中国政法大学出版社2004年版，第5页。

第二节 习惯力量限度的理论分析

兰维·布鲁尔曾经说过,在由强有力的国家法律统治的西方社会中,习惯法规则相对来说是脆弱的,缺乏“官方”法律的强度和稳固性。[①] 虽然科特威尔是以批判性的口吻引用布鲁尔的观点的,但是应该说布鲁尔的判断还是在一定程度上揭示了有关习惯的真理:习惯的存在和有效运作是有限度的、是有条件的。正如考默萨指出的,在人数较少、复杂性较低的情况下,社会并不太需要通过正式管道解决纠纷。这种情况下,用正式规则来谨小慎微地实施法治,似乎显得不那么必要了。[②] 昂格尔也指出,与成文法相比,习惯……适用于狭窄限定的各类人和关系范畴而不是极其普遍的各阶级。[③] 本节就主要分析习惯力量的限度或习惯的局限性问题。

一、习惯有效运作与群体规模

前文多次提到,习惯主要规范关系紧密和持久的社会网络

---

① [英]罗杰·科特维尔:《法律社会学导论》,潘大松等译,华夏出版社1989年版,第34页。

② [美]尼尔·K.考默萨:《法律的限度——法治、权利的供给与需求》,申卫星等译,商务印书馆2007年版,第164—165页。

③ [美]R.M.昂格尔:《现代社会中的法律》,吴玉章等译,译林出版社2001年版,第47页。

之中的具有同质的规范和价值的共同体。对于这种共同体而言，群体规模是一个重要的因素。研究制度变迁理论的美国学者杰克·奈特认为，所有与期望稳定性相关的问题，都受相关小区规模的影响。由于稳定性大多取决于我们获取关于互动双方的知识和可信度的能力，较小的小区提供了较为精确的判断所需的人际关系。随着小区规模的增大，由信息质量所引起的问题就变得越来越显著。较大的小区不太可能维持可以赖以作出此类判断的已存续的关系网。这些问题的影响威胁了自我实施制度的功效。[①] 按奈特的观点，习惯作为典型的自我实施制度，随着群体规模的扩大，习惯赖以发挥功效的关系网遭到破坏，复合关系遭到破坏甚至不复存在。人数增加，群体成员之间面对面交往的机会减少，这就造成关系距离的扩大，[②]而这造成了汪丁丁所说的现象：所有这些边缘的和私人的含义，当交往被足够大的空间隔离开的时候，就都丧失了。个人体验和私人情感被过滤了，故而，面对面的交往比远距离的交往更能表现交往者的完整人格以及分享多重社会关系。[③]

人数的增加导致规则的"社会共享"减弱或丧失。奈特认为，导致共享信息不充分的最关键因素：一是规则意思表达不明

---

① [美]杰克·奈特：《制度与社会冲突》，周伟林译，上海人民出版社2009年版，第81页。

② 正如布莱克指出的，关系距离随人口增加而增大。[美]布莱克：《法律的运作行为》，唐越译，中国政法大学出版社2004年版，第53页。

③ 汪丁丁：《制度分析基础讲义Ⅱ》，上海人民出版社2005年版，第58页。

确,可能存在多种解释。二是群体大小。信息供给质量优劣和解读难易程度会随着相关群体大小变化而变化。小群体,人际关系持久,社会行为人意识到自我实施规则存在,并获取相关信息。信息共享主要由共同经历而来:人数增加,持续交往可能性降低,构建预期时减少对非正式规则的依赖。非正式规则越复杂,解读规则的难度就越大。随着规则歧义性增加,我们对于依靠这些规则而形成准确预期的信心随之降低。依策略决策逻辑,歧义性和不确定性所造成的实质影响在于使社会行为人预期效用计算复杂化,即难以确保收敛于某种均衡结果。为此,非正式制度的作用减小。① 昂格尔也表达了类似观点:只要存在着紧密结合在一起的关于相互期待的共同信念,这种信念建立在共同的权利和义务观念之上,实在法就只能是不必要的。人们愈是远离这种假设的伦理一体化的理想状况,用标准暗中取代公认的和可以察觉的习惯的需要也就愈迫切。明确化的过程预先假定了愈来愈不能相信人们会在缺乏公开指导和同意的情况下以固定的方式行事。一方面,人们不再能够确信,在特定的选择环境中,什么应当做和什么不应当做。(行为准则不明确)另一方面,对共同道德观的不加思考的效忠逐渐减少,由此,内在化的和自动生效的保证,即人们对这些相互期待充满信心也渐渐地不那么可靠,所以,由默示的特殊的准则向实在法的过

① 可参见[美]杰克·奈特:《制度与社会冲突》,周伟林译,上海人民出版社 2009 年版,第 182—184 页。

渡,以共识为本位的社会秩序理论……失去……明显控制力。[①]所以,以共识为本位的社会秩序观点最适合于习惯是唯一重要法律类型的那些社会。[②] 小群体的协调在很大程度上以不可言传的知识和非正式的行为控制为基础,因共识而变得温和。而大群体的协调需要一般化的制度。[③] 所以,随着群体规模的增加,面对面交流的机会的减少,习惯运作所需要的"社会共享"缺失。另外,群体规模增加也使个体对团体的认同感和归属感削弱,我们都愿意同与我们关系密切的人保持着相同性。[④] 这是因为,按人的本性而言,团体越大,则其中的个体在向团体认同时所获得的自恋性满足愈弱,并且团体中的结合关系也愈不紧密。[⑤] 而这对习惯的运作是不利的。

群体规模的增加也使习惯的执行体系的效力有所削弱。因为在上章提到过习惯的自我执行机制有效的前提是习惯规范的主体之间是持续性的复合关系,用博弈论的术语就是重复博弈或多次博弈。因为从人性来说,如果主体之间是一次单独互动,

---

① [美]R. M. 昂格尔:《现代社会中的法律》,吴玉章等译,译林出版社2001年版,第59页。

② [美]R. M. 昂格尔:《现代社会中的法律》,吴玉章等译,译林出版社2001年版,第126页。

③ [德]柯武刚、史漫飞:《制度经济学:社会秩序与公共政策》,韩朝华译,商务印书馆2000年版,第167页。

④ [美]查尔斯·霍顿·库利:《人类本性与社会秩序》,包凡一等译,华夏出版社1999年版,第208页。

⑤ [美]爱德华·O. 威尔逊:《人类的本性》,甘华鸣译,福建人民出版社1988年版,第153页。

主导性策略是不遵守规则。将遵守规则作为长期策略，其价值评估关键在于对未来收益的计算。而这取决于选择与同一群体行为人持续互动的可能性。相关集体规模增加，群体内一个人遇到某个制裁其违规行为的人的可能性将降低。这是因为你与之互动的行为人的人数与遇到同一行为人频率之间有联系，两者成反比的关系：参与的人数越多，在未来互动中遇到同一行为人的可能性就越低。[①] 正如公共选择理论认为的，囚徒困境博弈中合作解的出现，取决于参与者的人数，博弈的次数……[②]除了上述的群体规模的增加使得重复博弈不大可能外，群体规模的扩大还对习惯的执行体系的效力在以下几个方面产生了影响：

第一，在埃里克·A.波斯纳看来，重复博弈模型在解释合作行为上取得的成功依赖于博弈各方对过去的行为和目前的行为拥有广博的信息。[③] 只有当欺诈者的信息能够在其所在群体内进行有效的传播时，其坏名声才能对其他行为人的未来选择产生影响。随着集体规模的增加，其坏名声传播将变得更加困

① 可参见[美]杰克·奈特：《制度与社会冲突》，周伟林译，上海人民出版社 2009 年版，第 185—186 页。

② [美]缪勒：《公共选择理论》，杨春学等译，中国社会科学出版社 1999 年版，第 18 页。

③ [美]埃里克·A.波斯纳：《法律与社会规范》，沈明译，中国政法大学出版社 2004 年版，第 24 页。

难。[①] 这是因为随着群体规模的增加,信息传播的困难加大。随着博弈参与人数的增加,通过非正式的观察经验、学习和流言蜚语就足以追踪背叛者的可能性越来越小了。[②] 在一个复杂的大众社会里,内在制度不能排除所有的机会主义行为。原因之一是人们常需要与陌生人打交道,许多非正式惩罚如以牙还牙、放逐、名誉受损在防止机会主义行为上是无效的。[③] 布劳也指出,作为一种约束性力量,社会赞同在复杂社会不像在较简单社会那样具有普遍性意义,因为在复杂社会中通过发现一个他们能从中获得赞同的志趣相投的亚群体,群体的多样性和它们之间可能的流动使几乎各种越轨者逃脱小区谴责的影响。因此,非人格的约束在现代社会具有特别的重要性,而非人格约束的一个基本来源是权力。[④] 集体的嘉许或非难的力量,在任何小群体中都是很强大的。但是,随着群体规模的扩大,这些对于习惯效力发挥而言具有基础性意义的实施方式都要么丧失效力,要么效力大减。正如埃里克森所说的,一个群体的关系越密切,它就越能运用非正式控制体系使交易费用总量与自重损失之和

---

① 可参见[美]杰克·奈特:《制度与社会冲突》,周伟林译,上海人民出版社2009年版,第187页。

② [美]埃里克·A.波斯纳:《法律与社会规范》,沈明译,中国政法大学出版社2004年版,第22页。

③ [德]柯武刚、史漫飞:《制度经济学:社会秩序与公共政策》,韩朝华译,商务印书馆2000年版,第132页。

④ [美]彼得·M.布劳:《社会生活中的交换与权力》,李国武译,商务印书馆2008年版,第175页。

最小化。如果某群体内的社会条件不为其成员提供有关规范和违反规范的信息,也不提供确立规范所需的权力和实施机遇,那么这个非正式控制体系也许就不有效。① 而群体规模的扩大一则使群体成员无法有效地获得较为充分的信息,二则也丧失了克制对方当事人的权力。波斯纳也指出,通过规范进行管理,在小群体里比在大群体里更加有效。有助于规范有效执行的条件:较少的成员人数与被放逐的高成本。② 而群体规模的扩大恰恰使这两个条件都削弱了。

第二,按波斯纳的观点,规范相对于法律的缺点:规范比法律更具有公共善品的性质。从社会角度来看,它们的生产和执行将是不足的。③ 按公共选择理论,小规模社会中,更能出现自愿遵循行为约束或自愿提供公共物品的情形。在大型的社会或团体中,依赖自愿遵从行为,会导致搭便车现象,导致公共物品的供给不足或无供给的现象。在具有同一行为模式的、稳定的小社会中,自愿的公共物品供给较多,合作行为的约束较强。④ 集体规模大小和非正式制裁行为的结果之间也有一定关系,其

① [美]罗伯特·C.埃里克森:《无需法律的秩序——邻人如何解决纠纷》,苏力译,中国政法大学出版社 2003 年版,第 307 页。

② [美]理查德·A.波斯纳:《法律理论的前沿》,武欣等译,中国政法大学出版社 2003 年版,第 312 页。

③ [美]理查德·A.波斯纳:《法律理论的前沿》,武欣等译,中国政法大学出版社 2003 年版,第 300 页。

④ [美]缪勒:《公共选择理论》,杨春学等译,中国社会科学出版社 1999 年版,第 19 页。

原因是威胁采取制裁措施是否具有合理性：随着集体规模不断增加，制裁他人的动机也将随之减弱。[①] 随着群体规模的扩大，搭便车行为就会使得制裁体系崩溃。对此休谟在《人性论》中有精彩论述："两个邻人可以同意排去他们所共有的一片草地中的积水，因为他们容易互相了解对方的心思，而且每个人必然看到，他不执行自己任务的直接后果就是把整个计划抛弃了。但是要使一千个人同意那样一种行为，乃是很困难的，而且的确是不可能的；他们对于那样一个复杂的计划难以同心一致，至于执行那个计划就更加困难了，因为个人都在找寻借口，要想使自己省却麻烦和开支，而把全部负担加在他人身上。"[②]所以，正如埃里克森指出的，当纠纷人之间的社会距离加大时，当所涉及的利益总量增加时，以及当法律体系为纠纷人提供了第三方承担费用的机会时，纠纷人就愈益可能转向法律规则。[③] 埃里克森也指出，群体价值之强制执行是一种公共善品，而这种善品由于搭

① 可参见[美]杰克·奈特：《制度与社会冲突》，周伟林译，上海人民出版社2009年版，第187页。

② [英]休谟：《人性论》（下册），关文运译，商务印书馆1980年版，第578—579页。据此，休谟论证了公共权力的必要性。

③ [美]罗伯特·C.埃里克森：《无需法律的秩序——邻人如何解决纠纷》，苏力译，中国政法大学出版社2003年版，第350页。

便车之风险一般会供应不足。①

从以上的分析可以发现,使习惯的执行体系能够行得通的一个基本条件是,习惯规范的主体相互交往的方面很多,并且大多数主体都预期这些互动会持续到未来。用社会学术语来说,他们的关系是“复合的”,而不是“单纯的”。用博弈论的术语来说,他们之间是持续关系的多次博弈、重复博弈。另外要使习惯的执行体系能够行得通,还应该使由于不合作而被放逐的成本较高,且相关信息的搜寻成本和传播成本不能过高。而群体规模的扩大特别是扩大到超过临界点的时候,使习惯的执行体系能够行得通的条件都被削弱:群体规模的扩大使得行为主体交往选择范围扩大,为此主体之间相互交往和未来交往的可能性降低,多次博弈的几率下降;同时交往选择范围的扩大一方面使得由于替代交往群体易寻而使被放逐的成本降低;另一方面随

---

① [美]罗伯特·C.埃里克森:《无需法律的秩序——邻人如何解决纠纷》,苏力译,中国政法大学出版社 2003 年版,第 311 页。当然有些研究人类合作的国外的学者指出,许多人会自愿为处罚违反社会规范的人支付成本,可以称之为“利他惩罚”,在这些惩罚中,个体从惩罚违反规范的人中得到了满足。这方面出色的研究可参见奎缅等的《利他惩罚的神经基础》和赫伯特·金迪斯等的《人类利他行为的解释》,这两篇文章均载于汪丁丁等主编,[美]赫伯特·金迪斯等著:《人类的趋社会性及其研究——一个超越经济学的经济分析》,浙江大学跨学科社会科学研究中心译,上海世纪出版集团 2006 年版,第 177—215 页。另外爱德华·O.威尔逊则从人性的角度解释利他性:有一个强大的情绪控制力可以塑造人类的利他性。道德的攻击性表现得最为强烈的地方是在最强调相互关系的地方。[美]爱德华·O.威尔逊:《人类的本性》,甘华鸣译,福建人民出版社 1988 年版,第 152 页。

着群体规模的扩大，信息搜寻和信息传播困难加大，从而使得信息的搜寻成本和传播成本过高。

很多学者的论述都证明了群体规模扩大对习惯有效运作的影响，如缪勒指出，在行为模式多样化的、人员流动性较强的社会中，以非人格化为特征。具有更多非人格特征的大型社会必须建立起典型的正式惩罚制度，以对付反社会行为。[①] 波斯纳也指出，非正式规范的管理在一个静态的社会里更加可行。[②] 埃里克森提出了有关福利最大化规范的假说：关系密切之群体内的成员们开发并保持了一些规范，其内容在于使成员们在互相之间的日常事务中获得的总体福利得以最大化。该假说预言：关系紧密之社会群体的成员们会非正式地鼓励相互之间的合作性行为。当社会条件是关系紧密时，非正式规范将鼓励人们在非零和情况下选择联合产出最大的总和客观报酬。[③] 埃里克森还指出，关系紧密的各方基本上会有意忽视那些法律教义，而运用那些内容将最大化其客观福利的非正式规范。……一个城镇邻里群体比一个农村邻里群体更少些紧密。城镇地区提供更丰富的社交机会。通过社会网络的弥散化，城市社会削弱邻

① [美]缪勒：《公共选择理论》，杨春学等译，中国社会科学出版社 1999 年版，第 19—20 页。

② [美]波斯纳：《正义/司法的经济学》，苏力译，中国政法大学出版社 2002 年版，第 312 页。

③ [美]罗伯特·C. 埃里克森：《无需法律的秩序——邻人如何解决纠纷》，苏力译，中国政法大学出版社 2003 年版，第 204—205 页。

里的闲话管道，而这些管道是非正式控制系统的一个重要因素。一个邻里疏远的城镇居民比起农村居民更容易转向其他可选择的社交圈子。①

对于习惯有效运作与群体规模的关系问题的理解，再介绍一下埃里克森有关“关系密切之群体”的理论是有益的。埃里克森把关系紧密之群体界定为一个社会网络，在这样一个网络中，其成员对相互运用对抗的权力拥有可信且互惠的前景，并对有关昔日和日前的内部事件有很好的信息供给。② 埃里克森还指出，在实践中，人口少一般会增加流言蜚语的质量，增加互惠权力，并使得规范执行更容易；因此“小”确实是在很高程度上与“紧密联系”相关联。然而，这一关系紧密的定义认为，除了这些关联效应外，“小”本身并不重要。③ 我们可以把埃里克森关于关系紧密之群体的论述看成是上文对习惯有效运作与群体规模的关系问题论述的补充，也就是说，群体规模扩大给习惯有效运作带来抑制作用主要是通过“关系紧密之群体”作为中介的：群体规模扩大会破坏关系群体紧密的程度，从而使得习惯有效运作的机制无从良好运行。

---

① [美]罗伯特·C. 埃里克森：《无需法律的秩序——邻人如何解决纠纷》，苏力译，中国政法大学出版社 2003 年版，第 333 页。

② [美]罗伯特·C. 埃里克森：《无需法律的秩序——邻人如何解决纠纷》，苏力译，中国政法大学出版社 2003 年版，第 221—222 页。

③ [美]罗伯特·C. 埃里克森：《无需法律的秩序——邻人如何解决纠纷》，苏力译，中国政法大学出版社 2003 年版，第 222—223 页。

二、习惯的非普遍性

与追求高度统一性和普遍适用性的国家法不同的是，习惯（俗）具有地方性、情境性的特点：如百里而异习，千里而殊俗（《晏子春秋·问上》）；千里不同风，百里不共雷（汉·王充《论衡·雷虚》）；离家三里远，别是一家风（明·吴承恩《西游记》第15回）；百里不同风，十里不同俗，等等。① 习惯的地方性和非普遍性对习惯力量有积极方面，但应该看到的是，习惯的这种非普遍性对习惯也有消极影响，也就是说，习惯的地方性和非普遍性也在一定程度上决定了习惯力量的限度。

伏尔泰说，一个民族最通行的习俗，在别的民族看来，不是怪诞，便是可憎。如割礼。并告诫我们，世界的画卷是如何的五彩缤纷，我们应当特别注意，勿用我们的习惯来衡量一切。② 伏尔泰说的虽然是习俗，但是对于习惯也是适用的。如流行于巴西亚马逊河流域的印第安人土著中的"产翁"习俗在我们看来就比较奇怪。在我们中国人的习俗中，妻子生小孩，当然是由妻子坐月子，因为可以借此进补、调养，恢复身子，这是很"自然"的。而"产翁"习俗则是：当妻子生下婴儿之后，不是由她在家中"坐月子"，而是丈夫代替她"坐月子"。这在我们看来就是一种奇风

---

① 关于习惯的非普遍性或地方性的实例，可以参见《民事习惯调查报告录》。在报告录中，我们可以发现在很多方面各地的做法都是不一样的。

② [法]伏尔泰：《风俗论》（上册），蒋守锵译，商务印书馆1997年版，第83、286、296页。

异俗，而且感觉不可思议，但是实际上又是有其道理的，按照人类学家李亦园的解释，亚马逊印第安人看待生育小孩是从人际关系的立场去思考，而不是从个体调养的立场出发。印第安人很看重为人父这件事，因此该社会中感到为人父这一关特别难过，因而想了一个办法，使为人父者在关键时刻有一段心理适应的时间，就是让他“坐月子”，使他有一段空白时间不与外界来往，而在一个月后再以新姿态出现在众人面前，好让别人承认他的新角色。[①] 咂嘴被认为是一种恶习，会使人产生厌恶感，但在印第安人中，当一个人被邀请进餐时，如果不咂嘴则被视为坏举止，因为那会使人得出客人不喜欢那些饭菜的印象。[②]

我们经常强调的“入乡随俗”(英语“do in Rome as the Romans do”指的也是同一个意思)实际上也在一定程度上说明了习惯的地域性、地方性的特点。习惯的非普遍性也造成了我们具体运用习惯和把握习惯的困难，有些习惯是非常特殊的，如我们通常认为，到别人家敲门是礼貌的行为，但是在内蒙古的某些地区，就认为敲门的习惯是不礼貌的，因为这似乎显示主人家有什么见不得人的事情。这些在我们看来匪夷所思但在当地人看来符合常理的特殊的习惯在社会流动增多的社会就会带来各

① 可参见李亦园：《文化与修养》，广西师范大学出版社 2004 年版，第 18—21 页。关于产翁习俗，还可参见[英]马凌诺斯基：《文化论》，费孝通译，华夏出版社 2002 年版，第 37—39 页。

② [美]弗兰兹·博厄斯：《原始人的心智》，项龙等译，国际文化出版公司 1989 年版，第 116 页。

种问题。[①]

习惯的非普遍性首先决定了习惯作用地域方面的限制。“离家三里远，别是一家风”，习惯的地域性决定了习惯的特殊性，为此大部分习惯的适用范围有限的、有边界的。习惯出自特定的社会区域，它只对该地区的全体成员有效，作用范围非常有限，在一定的边界范围内，习惯是一套节约交易费用的有效装置，但超出一定的边界，习惯就作用不大了，或者说就可能需要采用另一种习惯。……习惯法可以在相对封闭和相对熟悉的熟人社会里或者特殊主义的人际关系里很管用。显然，习惯法的这种缺陷是与国家法的统一性、普适性相矛盾的，它不适应现代市场经济的发展需要和人与人交往复杂、频繁的现实，无疑是上不了大台面的。[②] 所以，当当事人分处不同习惯规范的时候，习惯的规范作用就不明显了。

习惯的非普遍性或者是地方性还造成了习惯的排外性，或者是负外部性。爱德华·B. 泰勒在论述古代人的道德时认为，一个人知道他对自己邻居的义务，但不是一切人都是他的邻

① 可参见桑本谦：《私人之间的监控与惩罚——一个经济学的进路》，山东大学出版社 2005 年版，第 182 页。

② 田成有：《“习惯法”是法吗？》，《云南法学》2000 年第 3 期。习惯的这种作用限度，在姜堰实践中我们也可以看出端倪，如进行习惯的司法运用探索的一般都是基层法院，虽然也有中院，如姜堰市人民法院的上一级法院泰州市法院也进行了类似探索，但是从《人民法院报》报道的情况看，进行探索的法院更多的是基层法院。高级法院一般不仅仅具体的探索，这一现象主要是由习惯的地方性、非普遍性决定的。

居。……拉丁文 hostis 清楚地阐明了古代的事态，这个字的最初意义是“外人”，后来十分自然地过渡到“敌人”的意义上去。①实际上，对外人的敌视对现代人而言同样或多或少地存在。具体到规范包括习惯，埃里克森指出，给某个特定群体之成员增加福利的规范通常在很大程度上会使该群体之外的人贫困化。②埃里克森具体引用有关吉普赛人的资料来说明这一点：吉普赛人与非吉普赛人的关系在性质上与他们之间的经济关系是相反的。吉普赛人之间的经济关系是基于合作和互助，一般认为从其他吉普赛人那里赚钱是不道德的。他们唯一的合法收入来源是非吉普赛人，并且在吉普赛社会中，能从非吉普赛人那里赚取钱财的技术得到了很高评价。③ 克莱德·克拉克洪研究了美国西南部的纳瓦霍人，发现“纳瓦霍人的道德……视情况而定，并不绝对……说谎也不全错，要分场合。规则视情况而各异。与外部落贸易时，欺骗在道德上是可以接受的”④。萨林斯在分析“互惠的两端之间还存在社会距离”的时候引用了一系列类似的论述：你可以向陌生人放高利贷；但你不能向你的兄弟放债。

---

① [英]爱德华·B. 泰勒：《人类学：人及其文化研究》，连树声译，广西师范大学出版社 2004 年版，第 387—388 页。

② [美]罗伯特·C. 埃里克森：《无需法律的秩序——邻人如何解决纠纷》，苏力译，中国政法大学出版社 2003 年版，第 207 页。

③ [美]罗伯特·C. 埃里克森：《无需法律的秩序——邻人如何解决纠纷》，苏力译，中国政法大学出版社 2003 年版，第 207 页，原文注[11]。

④ [美]马歇尔·萨林斯：《石器时代经济学》，张经纬等译，生活·读书·新知三联书店 2009 年版，第 231 页。

(《圣经·申命记》)土著(斯瓦伊人)的道德家主张邻里间应当友好,相互信任,而远方的人则是危险的、不值得赤诚相待的。例如,土著尤其看重与邻人的坦诚,而与陌生人交易则信奉一锤子买卖。(《欧洲的历史》)占别人的便宜,比如说那些远方的群体,特别是被当作外人的群体,这并不违背当地所使用与熟知的道德准则。(《德意志帝国与工业革命》)无商不奸。故而地区间的贸易为人不耻,而部落内的交易则令(卡帕库)商人名利双收。(《卡帕库 Papuans 和他们的法律》)①上述论述都显示了"内外有别"的特征:对外是一套,对内又是另一套。习惯作为具有地方性特征的规范,在一定程度上采用的也是内外有别的原则,这与法律的"法律面前人人平等"的原则是不一样的。所以,波斯纳指出的"非正式规范的管理在一个静态的社会里更加可行"②在一定程度上与规范(包括习惯)的地方性有关,因为如果是动态的流动频繁的社会,采用区分本地人和外来人的规则就会引起很多纠纷。

正如埃里克森指出的,政府的一个特别珍贵的职能就是提供一些法律,专门用来压倒其治理之下某些关系密切群体的地方主义规范。"盗亦有道"对窃贼来说,完全可能是福利最大化

① [美]马歇尔·萨林斯:《石器时代经济学》,张经纬等译,生活·读书·新知三联书店2009年版,第221页。

② [美]波斯纳:《正义/司法的经济学》,苏力译,中国政法大学出版社2002年版,第312页。

的,但对于更大的社会而言是福利减损的。[①] 埃里克森的论断较为明确地指出了习惯的地方性带来的可能具有的局限性,并认为国家法律在很大程度上能够克服习惯这方面的局限性。

三、习惯执行的弱约束力

在论述习惯的力量时曾经指出,坏名誉的担心、社会声誉的考虑、闲言碎语、白眼、“逐出”等是保证习惯得以执行和低成本的重要手段。但是,这些手段的约束力是有条件限定的,一旦脱离这些条件,习惯执行手段的约束力就是弱的,这可以称为习惯执行的弱约束力。习惯执行的弱约束力是习惯力量有限的重要原因之一。

对于非正式执行(习惯执行的主要方式),有很多学者有过论述。如S.斯普林克尔指出,集体的嘉许或者非难的力量,在任何小群体中都是很强大的。他人的不满……乃是有力的约束,……社会上的孤立,是可怕的惩罚。有那么三四个家庭,其社会地位太低,所以在一定程度上不受公共舆论的影响。也只有这几个家庭,才漠视大家的不满,只怕体罚。[②] 弗里德曼认为,同等地位集团的力量有时仅仅在于害怕“邻居会怎么想?”。然而,这可能是一种强大的制裁,能给人严重创伤,遭到排斥是

---

① [美]罗伯特·C.埃里克森:《无需法律的秩序——邻人如何解决纠纷》,苏力译,中国政法大学出版社2003年版,第307页。

② [英]S.斯普林克尔:《清代法制导论》,张守东译,中国政法大学出版社2000年版,第122—123页。

最严厉的惩罚之一。羞愧的作用取决于该人是否承认可耻的标记。而且,在多元社会中,有些团体的联系,比传统社会中的要弱,不满者可以离去。问题是,谁对人施加密切的日常压力?集团的力量,同国家的力量一样,部分取决于它能发现越轨举动的能力。[①] 胡先缙认为,“不要脸”是一种严厉的指责,意思是自我不在乎社会对其品格有何想法,他甘冒违反道德标准之大不韪而获取私利。社会制约力量对这种人丝毫发生不了作用,因为他根本不把游戏规则放在心上。更有甚者,倘若某人“不要脸”成性,他的亲友就无法预测他的言行。[②]

“可怕的惩罚”、“强大的制裁”、“最严厉的惩罚之一”、“严厉的指责”表明非正式执行方式具有的较强的约束力,但是上述论述同时也指出了上述执行方式约束力的有限性。如S.斯普林克尔指出的,“小群体中都是很强大的”,“有那么三四个家庭,其社会地位太低,所以在一定程度上不受公共舆论的影响”;弗里德曼的“羞愧的作用取决于该人是否承认可耻的标记”;“谁对人施加密切的日常压力?”;“取决于它能发现越轨举动的能力”。胡先缙的“社会制约力量对这种人丝毫发生不了作用”。就以上论述而言,可以看出非正式执行手段约束力的发挥,受制于“群体规模”、“成员个体认同”、“发现能力”等因素。制约非正式执

① [美]劳伦斯·M.弗里德曼:《法律制度》,李琼英等译,中国政法大学出版社2004年版,第125页。

② 黄国光、胡先缙等:《面子——中国人的权力游戏》,中国人民大学出版社2004年版,第47页。

行手段约束力的发挥的因素对于习惯执行同样适用，而且这些因素在前文论述中已经多有论述。如“习惯有效运作与群体规模”就指出了群体规模扩大对习惯有效运作的影响。

另外，埃里克森还指出，当争议各方对谁欠谁的问题有分歧时，非正式执行很危险。随后的自助也许会导致世仇——无穷无尽的来来回回制裁，并可能逐步升级。[①] 也就是说，非正式执行的有效运作，有赖于争议各方（以及社会大众）对习惯等非正式规范的普遍认同，如果社会大众对习惯的认识呈现“公说公有理，婆说婆有理”的状态时，非正式执行的约束力就无法有效发挥了。

上文分析了非正式执行（习惯执行的主要方式）的弱约束力的主要原因。值得进一步说明的是，这里指的习惯执行的弱约束力是指“一旦脱离这些限定条件，习惯执行手段的约束力就是弱的”，也就是说，习惯执行的弱约束力并不否认一定条件下习惯执行的强约束力，如一定条件下习惯执行是“可怕的惩罚”、“强大的制裁”、“最严厉的惩罚之一”、“严厉的指责”。换句话说，习惯执行的弱约束力实际上是指明习惯执行的有条件性和有限性。

四、习惯的非帕累托增进

我国经济学家韦森从习俗的生发机制研究了习俗的不足，

① ［美］罗伯特·C.埃里克森：《无需法律的秩序——邻人如何解决纠纷》，苏力译，中国政法大学出版社2003年版，第311页。

指出许多经济学家把习俗误认为是人们社会经济活动中“交易费用”的一种节约机制，把习俗在市场中的存在看成是一种帕累托增进，但是如果我们继续向深层探究，就会发现，并不是所有的习俗均是帕累托增进的，甚至一些习俗可能会使所有人“变得更差 worse off”。① 为了说明这一点，韦森还具体举了英国学者韦姆斯利讲述的在英国约克郡海岸线的一个小渔村对漂流木材“先到者得”的习俗的例子来说明在每次大风暴后，总是有些漂流木材留在海岸上，因此，每次大风暴之后，村民们就竞相奔到海岸去捡木材。许多年来，村民们遵守“先到者得”的习俗，即最先奔到海岸者可以任意捡漂流木，然后把捡到的木材堆积在海岸边的高处，并在木堆上放上两块石头，以表示这是他自己的所有物。他可以把这堆木材留在海岸边两天。在这两天之内，别的村民会尊重他的这种产权。如果过了两天，这种产权就不再存在。据说，在这个小渔村中，没有人知道这种“先到者得”的规则是什么时候形成的，以及如何形成的。但每个村民都遵守这种习俗。② 韦森进一步分析指出，这种出自自发安排的习俗并不是一种帕累托最优的选择。因为它诱使村民竞相赶早奔去海边捡木头，而这种竞相赶到海边捡漂流木，会使村民有一种不必要的“努力竞争支付”，而从福利经济学讲，这种“努力竞争支付”是一种“额外净损失”。③

---

① 韦森：《习俗的本质与生发机制探源》，《中国社会科学》2000 年第 5 期。
② 韦森：《习俗的本质与生发机制探源》，《中国社会科学》2000 年第 5 期。
③ 韦森：《习俗的本质与生发机制探源》，《中国社会科学》2000 年第 5 期。

之所以大段引用韦森的论述，是因为一方面韦森令人信服地分析了在习俗中存在的非帕累托增进，另一方面虽然韦森是针对习俗而议论的，但是对于习惯也是适用的，也必然存在不满足帕累托效率的习惯。之所以如此，是因为文化传统、道德伦理、意识形态、宗教信仰以及圣哲的箴规，均可以是一种习惯生成和驻存的原因。这就导致一些习惯在经济上并不一定是合理的。[①] 前已论述，习惯与人的有限理性密切相关，习惯代表对逐案最大化的偏离。就此而言，习惯在很多方面就不满足帕累托效率。

上文已经从习惯与群体规模、习惯的非普遍性、习惯执行的弱约束力以及习惯的非帕累托增进等方面探讨了习惯力量的限度。习惯力量的限度还有很多方面，如埃里克森指出，这种速记式的方法(指依靠习惯汲取信息——引者注)减少了决策费用，但依赖这些方法的行动者一般不能尽快适应周围环境的变化。[②] 这可以表述为习惯的滞后性。另外，值得注意的是，习惯

① 关于这一点的具体分析，可参见 Drew Fudenberg & Eric Maskin, Evolution and Cooperation in Noisy Repeated Games, *American Economic Review*(Papers and Proceedings), 1990:80(2), pp. 274-279.

② Drew Fudenberg & Eric Maskin, Evolution and Cooperation in Noisy Repeated Games, *American Economic Review* (Papers and Proceedings), 1990:80(2), p. 191. 之所以如此，是因为在面临改变现状的压力时，人们往往会对长期存在的制度产生依赖，这种依赖一方面可能是个人的保守主义倾向，即对旧事物的依附性。[美]杰克·奈特：《制度与社会冲突》，周伟林译，上海人民出版社 2009 年版，第 193 页。保守主义是守旧性的社会动机。行为保守主义倾向于维持先前已经出现的东西。[德]埃克哈特·施里特：《习俗与经济》，秦海等译，长春出版社 2005 年版，第 6、28 页。

力量的限度有些是固有的，如习惯的非普遍性，有些则可能随着社会经济情况的变迁而新出现或发生变化。如随着市场经济的发展，对统一的市场的需求，使得习惯的地方性的局限性表现得更加突出，而如果是在“鸡犬之声相闻，老死不相往来”的社会状态下，同样的习惯的地方性带来的局限性就不会表现得那么明显。另外，如波斯纳指出的，被放逐的成本，作为对违反规范行为的制裁，是与一个社会的收入水平负相关的。使规范管理成为经济学家所称的劣等商品：收入增加会导致对其需求下降的商品。① 有关私隐的变化，也对习惯力量限度产生了影响。如在传统社会或者农村社会，私隐不被社会甚至不被法律认同，或者缺乏私隐的物质条件，②这对于规范包括习惯的作用发挥是十分有利的。而私隐作为优等商品，在富有社会里私隐更多。私隐让邻居、熟人、流言蜚语和花边新闻无法获取羞耻这一多边

---

① [美]理查德·A.波斯纳：《法律理论的前沿》，武欣等译，中国政法大学出版社 2003 年版，第 317 页。

② 如波斯纳就引用马丁·哈里斯的论述来说明“大多数贫困社会没有私隐”这个命题：在小村庄中，搜寻个人私隐是一个无所不在的主题。米希纳库人为了自己的好处显然相互了解对方太多的秘密。他们可以从一个脚后跟或屁股的印记就说出一对男女在何处停留了，在路旁发生了性关系；遗失的箭泄露了箭的主人喜欢的钓鱼场所；倚树而立的一柄斧头告诉了人们一个中断工作的故事；没有谁离开或进入这个村庄而不为人所知，要想保证私隐，你就必须低声说话，因为都是茅草墙，而且没有关闭的门。[美]理查德·A.波斯纳：《正义/司法的经济学》，苏力译，中国政法大学出版社 2002 年版，第 247 页。《万历大明会典》卷十九曾经规定：“各处民，凡成丁者务各守本业，出入邻里，必欲互知。……”“出入邻里，必欲互知”在一定程度上就是对私隐的否定。

信息制裁所需要的信息，从而减弱了规范的效应。①

第三节　从邻里关系的实践看习惯力量限度

上一节笔者从理论上分析了习惯力量限度的问题，指出了习惯力量限度的种种原因及其表现。接下来笔者将从实践角度研究习惯力量的限度问题，这种实践角度的研究一方面可以在一定程度上印证或者检验上一节对习惯力量限度的理论研究，另一方面可以对上一节理论研究遗漏的问题予以补充。

对习惯作用的实践领域是如此广阔，必须处理的社会关系是如此丰富，如此多样化，如此充满变化。为此，对所有领域进行考察无疑不是明智的选择，实际上也不可能。为此，从中选择最具代表性的领域作为研究对象无疑是较为合适的。上文已经指出，使习惯的执行体系能够行得通的一个基本条件是，习惯规范的主体相互交往的方面很多，并且大多数主体都预期这些互动会持续到未来。用社会学术语来说，他们的关系是“复合的”，而不是“单纯的”。用博弈论的术语来说，他们之间是持续关系的多次博弈、重复博弈。另外要使习惯的执行体系能够行得通，还应该使由于不合作而被放逐的成本较高，且相关信息的搜寻成本和传播成本不能过高。用埃里克森的理论就是关系紧密之

---

① [美]理查德·A.波斯纳：《法律理论的前沿》，武欣等译，中国政法大学出版社2003年版，第317页。

群体之间习惯最能有效运作。俗语有云，“远亲不如近邻”，邻里关系从理论上讲应该是除了家庭关系以外最具紧密关系之群体。所以，按照上述的分析，邻里关系应该是习惯作用较能有效发挥的领域，所以把这个领域作为观察习惯的作用限度的切入点是比较恰当的。

本书选择报刊上关于邻里关系的报道（德国邻里关系的报道[①]）作为主要分析对象，这种选择主要基于以下几个方面的考虑：第一，这个报道与本书研究主题有较强的关联性；第二，这个报道反映的情况较为普遍，具有较强的代表性；第三，直接选择报刊上的报道作为分析对象较为便利。当然，这样选择的最大问题在于不是一手的实证资料，为此材料的可信度有一定的疑问，但考虑到相对而言材料来源的报刊还是比较权威，所以可信度的担忧在一定程度上可以缓解。

一、分析素材

分析材料是来自于《环球时报》上的一篇文章《冷漠！德国邻居相互不搭理》，这篇文章描述了德国人邻里关系的现状。俗话说：“远亲不如近邻。”可如今的德国，虽说人们房子越住越舒适，楼房越造越智慧，但邻里关系却越来越疏远，以至于许多老一代德国人发出了“比邻犹如天涯”的感叹。文章具体指出了几

① 青木：《冷漠！德国邻居相互不搭理》，《环球时报》2004 年 6 月 11 日，第十九版。

个现象：

第一，70%的人不愿求邻居帮忙。

近日，记者看到这样一则新闻：一位孤寡老太因心脏病意外死亡，半年内居然无人察觉。最后还是她远在美国的亲戚报警后，人们才得知她遭遇了不幸。实际上，在德国此类事件仅2003年就发生过60多起。

这让记者想起4月份德国普尔调查公司的一项调查结果。出乎意料的是，有60%的受访者不喜欢自己的邻居；超过50%的受访者说，他们不愿意和自己的邻居打交道；18%的人甚至表示，他们痛恨邻近的住户，并将他们描述成“来自地狱的使者”。虽然他们相信，敦亲睦邻与守望相助可以降低小区的犯罪率，但是当问及遇到紧急困难是否会向邻居求助时，70%的人说“不”。

对此，心理学家罗森斯坦感慨地说，现代社会，尤其是在大都市，陌生人之间相互点头微笑，或者和邮差打个招呼，都已成为十分稀罕的事情。而邻居间互不关心、帮助，甚至对门居住五六年都不相识，倒成了很平常的事。

第二，常因一点小事就把邻居告上法庭。

在中国人看来，像报警、告状和打官司之类的事都是迫不得已之举，除非对方欺人太甚才会诉诸法律。可是对于“得理不饶人”的德国人来说，“法律关系”则成了邻里关系的代名词。

记者的一位钢琴家朋友，由于职业关系每天都要在家练琴，碍于“晚上10点后不得影响邻居”的规定，他平时都在10点前练琴。可有天晚上因为超时5分钟，警察就找上门来，说有邻居报警，并对他处以50欧元罚款。建筑师柯洛被邻居“整”得更惨。去年他趁夏日黄昏，在家中草地上烤肉。可是才烤到第6根香肠，怒气冲天的芳邻就已打开洒水管，三两下便把“令人讨厌的火”浇熄。经法院紧急处理，法官同意柯洛家“每月可烤肉两次，每次限3小时”。

此外，因割草声、小孩哭闹声、花园聚会声、夫妻吵架声等等生活琐事，都会被邻居告上法庭。为此，德国法院每年要审理邻里纠纷案件40万至50万起。有个叫威克的年轻人很看不惯这种“冷漠”的邻里关系，就写了本《亲爱的芳邻，没问题吧》的书，专门指出邻里之间的相处之道。他说德国人的毛病就是“过分敏感，生活痛苦”。①

二、对素材的分析

上述的素材是有关处理邻里关系纠纷的规范及其纠纷解决方式的材料，上述材料中的邻里关系从理论上讲应该是除了家庭关系以外最具紧密关系之群体，群体成员之间应该是持续性的复合关系，而这种关系是应该适合包括习惯在内的社会规范的运作的。但是从材料中反映的情况看，理论上应为紧密关系之群体在处理纠纷时却更多地采用了法律手段，采用了正式的社会控制体系，如报警、上法庭等。所以，邻里关系并不一定就是紧密关系之群体：如材料中指出，70％的人不愿求邻居帮忙；

① 这部分来源于《冷漠！德国邻居相互不搭理》，此处略有删减。

常因一点小事就把邻居告上法庭。上述的德国普尔调查公司的调查结果也进一步证实了这个观点。

“因割草声、小孩哭闹声、花园聚会声、夫妻吵架声等等生活琐事,都会被邻居告上法庭。为此,德国法院每年要审理邻里纠纷案件40万至50万起。”这似乎也昭示了法律正式控制在邻里关系之间的盛行。也许有人会说,德国法院每年审理的邻里纠纷案件40万至50万起,这个事实并不能证明习惯等其他非正式社会规范在邻里关系中不起作用,如果没有习惯等的作用,那德国法院每年审理的邻里纠纷案件可能达400万起、500万起甚至更多。笔者并不否认这种可能性,而且这种可能性存在的概率还不小。但是,基于此处研究的是习惯作用的限度,德国法院每年要审理邻里纠纷案件40万至50万起还是能在一定程度上表明就算是在理论上属于紧密关系之群体的邻里关系领域习惯的作用还是有限度的。

“70%的人不愿求邻居帮忙”与“常因一点小事就把邻居告上法庭”在很大程度上存在着因果关系:前者为因,后者为果。用前面介绍过的理论,邻居间互不关心、帮助,甚至对门居住五六年都不相识,“70%的人不愿求邻居帮忙”,说明邻居之间是简单关系,而不是存在多方面的交往的持续复合关系,所以习惯所能有效运作的条件严重缺乏,为此,在实践中只能是“常因一点小事就把邻居告上法庭”,因为如果说“在复合关系中,纠纷只是全面交织的持续关系中的一根线”的话,那么在简单关系中,纠纷就是邻里关系的整个面。

另外，还要说明的是，素材所指出的邻里关系主要是城市中的邻里关系，而不是农村地区的邻里关系。同为邻里关系，由于城市地区和农村地区的不同表现还是有很大差异的。如滕尼斯就指出，在农村地区发现小区，是实在的和有机的联合，而在城市发现的是社会，是想象的和机械的联合。① 埃里克森也指出，一个城镇邻里群体比一个农村邻里群体更少些紧密。城镇地区提供更丰富的社交机会。通过社会网络的弥散化，城市社会削弱邻里的闲话管道，而这些管道是非正式控制系统的一个重要因素。一个邻里疏远的城镇居民比起农村居民更容易转向其他可选择的社交圈子。② 这点从埃里克森的研究与素材所指出的邻里关系的不同也可以看出，埃里克森通过研究发现邻里之间信奉一个主导规范：邻人之间要合作。都强调友邻重要性，并给出许多具体例子，但从没有详细阐述如何行为的一般公式。③ 但要注意的是埃里克森研究的对象是加州夏斯塔县的农牧地区，更多的是乡村居民。④ 之所以指出城市地区和农村地区的

① [美]罗伯特·C. 埃里克森：《无需法律的秩序——邻人如何解决纠纷》，苏力译，中国政法大学出版社 2003 年版，第 223 页，原文注[48]。

② [美]罗伯特·C. 埃里克森：《无需法律的秩序——邻人如何解决纠纷》，苏力译，中国政法大学出版社 2003 年版，第 223 页，第 333 页。

③ [美]罗伯特·C. 埃里克森：《无需法律的秩序——邻人如何解决纠纷》，苏力译，中国政法大学出版社 2003 年版，第 63 页。

④ 这个区别通过很多简单的生活经历就可以发现，如笔者出生于农村，即使离家多年，但是对村里的人和事还是较了解；而笔者工作的地方在城市，居住的小区，尽管已经居住了五六年，但是对于左邻右舍还是知之甚少。

邻里关系的不同，是因为本书只分析前者，而不分析后者，为此本书对邻里关系分析的结论只适合于城市之间的邻里关系。

三、从素材透视习惯力量的限度

上一节从理论上对习惯力量的限度进行了分析，指出群体规模扩大对习惯作用发挥的影响，并引用埃里克森的“关系密切之群体”的理论对习惯有效运作与群体规模的关系问题做了限定。按埃里克森的理论，对习惯有效运作的影响最大的是群体关系是否密切。上文的素材基本上印证了这点。

具体说来，“关系密切之群体”对习惯作用的影响主要是基于以下几个方面：同质的规范和价值、复合关系、畅通的信息传递网络以及收集信息成本的低廉。也就是说，习惯要有效发挥作用，应该具备“对习惯的共同认同”、“习惯主体之间是持续性的复合关系”、“关于合作和制裁的信息传播和收集成本不能过高”等条件。埃里克森认为，“小”的群体并不一定是“关系密切之群体”，而从素材反映的情况可以看出，距离近的群体并不一定是“关系密切之群体”。

从“对习惯的共同认同”来看，上述素材给我们印象很深刻的就是数字多，而且特别具体，如“每月可烤肉两次，每次限3小时”等等。之所以如此，借用埃里克森的话，这是通过法律体系把"必须从弥散的做法中推断出来的常常含混不清的规范"明确化。[①] 这种具体化实际上意味着群体成员之间缺乏克拉克和卡尔森所称的"共同背景",由此群体之间无法对看似不确定的习惯达成意义共享。正如奈特指出的,制度规则解释中的歧义性,与社会成员共同分享规则的程度有关。[②] 由于缺乏共享的信念和知识,群体成员之间无法通过会话过程获得日常习惯规则的多义性的"意义界限"(吉登斯语)。这样就只能通过法律体系把常常含混不清的习惯明确化。[③]

从习惯主体之间是持续性的复合关系看,素材中表现的邻里关系就不是一种复合关系。材料中的4月份德国普尔调查公司的一项调查结果是一个例证。这一点在上文对素材的分析中已经很明确指出。由于不是复合关系,群体主体之间的关系极为单调,所以缺乏对抗的权力和可信且互惠的前景,无法进行重复博弈。所以,"常因一点小事就把邻居告上法庭"(因割草声、小孩哭闹声、花园聚会声、夫妻吵架声等等生活琐事,都会被邻居告上法庭。)。

---

① 埃里克森的原话是:"规范常常含混不清,因为它们必须从弥散的做法中推断出来。由此,法律体系也许在颁布明确规则上有比较优势:事实上,法律体系一个很有用的功能也许就是将非正式规则明确化了。"[美]罗伯特·C.埃里克森:《无需法律的秩序——邻人如何解决纠纷》,苏力译,中国政法大学出版社2003年版,第311页。

② [美]杰克·奈特:《制度与社会冲突》,周伟林译,上海人民出版社2009年版,第77页。

③ 关于这部分,还可参见本书第三章第三节有关习惯是否不确定的探讨。

从关于合作和制裁的信息传播和收集成本不能过高看，由于不存在持续性的复合关系，关于合作和制裁的信息传播和收集成本就加大，一则无法通过日常生活来顺带收集信息（如果是持续的复合关系，关系的存续和收集信息可以是同步的过程），而必须投入专门的精力和金钱来收集；二则，由于关系群体不密切，私隐等因素加大了信息传播和收集的难度。这点很大程度上可以从上述素材的一个信息中看出：一位孤寡老太因心脏病意外死亡，半年内居然无人察觉。……在德国此类事件仅2003年就发生过60多起。

应该说明的是，虽然上文把习惯有效运作的条件分为“对习惯的共同认同”、“习惯主体之间是持续性的复合关系”、“关于合作和制裁的信息传播和收集成本不能过高”等三方面，但是这三方面不是截然分离的，而是存在密切关系的，如果习惯主体之间是持续性的复合关系，那么相应的对习惯的共同认同程度就会较高，关于合作和制裁的信息传播和收集成本也就相对较为低廉。

通过对邻里关系实践的分析可以发现，对于邻里关系的调整，习惯的作用是有限度的，是有条件的。只有具备埃里克森所说的“关系密切之群体”的条件，习惯才能较为良好地发挥作用。而衡量“关系密切之群体”是否具备，群体规模大小、距离的远近是很重要的因素，但是正如埃里克森指出的，关系紧密的定义认为，除了这些关联效应外，“小”本身并不重要。① 对邻里关系实践的分析则说明，除了这些关联效应外，“远近”本身并不重要。②

通过第二节的理论分析和第三节的实践分析，习惯力量的限度，有的是习惯固有的特征所致，有的是习惯的执行体系所需要的条件所致。而且这两者都会随着社会经济条件的变化而发生变化，如习惯的非普遍性或是地方性，随着市场经济的发展，对统一的市场的需求，习惯的地方性带来的局限性表现得更加突出，而如果是在“鸡犬之声相闻，老死不相往来”的社会状态下，同样的习惯的地方性带来的局限性就不会表现得那么明显。就习惯的执行体系所需要的条件而言，随着社会观念的变化（如对隐私权的重视）、物质条件的变化（四面露光的茅草屋变成封闭性极好的高楼大厦）、社会交往方式和社会交往范围的变化，习惯的执行体系的条件也会发生变化，原先有效的方式可能不那么有效了。所以，简单地说，习惯的力量和习惯的作用限度都不是固定、静止的，而是在发展变化中的。这些是在探讨习惯的司法运用或者用习惯弥补法律的局限性时必须要关注的。我们不但要警惕法律浪漫主义，而且也要警惕习惯浪漫主义。否则，我们可能会落入“习惯的好处未得，破坏法律的弊病却以发生了”（套用费孝通的话）的尴尬境地。

---

① ［美］罗伯特·C. 埃里克森：《无需法律的秩序——邻人如何解决纠纷》，苏力译，中国政法大学出版社 2003 年版，第 222—223 页。

② 如虽然我们经常说，“一家人不说两家话”，但是实践中一家人说两家话的情形还是屡见不鲜的。

第四章　习惯的力量与法律

尹伊君在研究我国社会变迁背景下的法律时曾经指出，在中国的法律制度建构中始终没有将中国社会固有的道德、风俗、习惯作为“新的立法基石”，没有将中国社会长期以来形成的各种习惯与现代法律理论和国际惯例结合起来，使之转化为新的法律制度。① 这指出了我国国家法在依法治国背景下“法律下乡”过程中遇到尴尬的部分原因，也部分回答了姜堰实践所着力解决的“案结事不了”现象出现的原因。对于这个问题，高其才也有所论述：“乡民的习惯性认识跟国家法律规定之间的冲突进而导致关系紧张使得法官在决定是否适用国家法律时左右为难，现实的压力导致法官采取平衡的策略、妥协的方式来解决问题。”②

孟德斯鸠指出，法律是制定的，而风俗则出于人们的感悟。

---

① 尹伊君：《社会变迁的法律解释》，商务印书馆 2003 年版，第 453 页。

② 高其才等：《乡土司法》，法律出版社 2009 年版，第 331 页。

风俗以人民"一般的精神"为渊源；法律则来自"特殊的制度"。推翻"一般的精神"和变更"特殊的制度"是同样危险的，甚至是更为危险的。① 在探讨了习惯的力量的问题后，笔者将把眼光转向法律与习惯的问题。首先，在前两章的基础上探讨姜堰实践的主题：运用习惯的力量来克服法律的局限的问题。本章从姜堰实践出发，但不限于姜堰实践，而是更一般性和普遍性地探讨习惯的力量与法律的局限的问题。其次，如果说姜堰实践是探讨习惯与司法的问题的话，那么笔者将以民法典为例探讨习惯与立法的问题。

第一节 姜堰实践中的法律与习惯

法律与习惯的紧张关系是姜堰实践关注的焦点和力图缓解的问题。值得探究的是，姜堰实践中法律与习惯的紧张关系为何会产生？又是如何去缓解的？这种探讨为在更一般意义上研究习惯的力量与法律的局限的关系打下良好的基础。

一、姜堰实践中法律的局限与习惯

《〈关于将善良风俗引入民事审判工作的指导意见（试

① ［法］孟德斯鸠：《论法的精神》（上册），张雁深译，商务印书馆1997年版，第309页。此处虽然用的是习俗，但是同样适用于习惯，在本书的310页，孟德斯鸠就明确指出，法律是立法者创立的特殊的和精密的制度；风俗和习惯是一个国家一般的制度。

行)〉的说明》指出:“当代以成文法为主流的现代社会,法律对社会生活的覆盖面已经非常广泛,但是法律具有滞后性,不可能面面俱到、调控自如,而善良风俗作为一种乡土文化在我国大部分农村还大量地存在。当国家法对乡土社会的调整存在一定的难度和不足时,在一定条件下适用善良风俗,可以弥补国家法的适用缺陷。”[①]从这段论述可以看出,面对复杂的乡土社会法律具有的不足是姜堰实践的逻辑出发点,利用善良风俗来弥补法律的局限性是姜堰实践的目标。但是应该指出的是,《〈关于将善良风俗引入民事审判工作的指导意见(试行)〉的说明》指出的仅仅是众多法律的局限性的其中一点。这种判断过于简单,忽视了问题的多元性,遮蔽了问题的许多面向,这还需要具体分析。

为了更好地分析姜堰实践的法律与习惯的关系,考察姜堰实践的六个规范性指导意见及其说明[②]是必要的。为了更清晰地体现问题,笔者特意制了表4-1。[③]

---

① 《〈关于将善良风俗引入民事审判工作的指导意见(试行)〉的说明》,汤建国、高其才主编:《习惯在民事审判中的运用——江苏省姜堰市人民法院的实践》,人民法院出版社2008年版,第9页。

② 指导意见六由于与本书分析的问题关系不大,所以不予讨论。

③ 此表内容均出自可参见汤建国、高其才主编:《习惯在民事审判中的运用——江苏省姜堰市人民法院的实践》,人民法院出版社2008年版。

表 4-1

指导意见的说明	法　律	习惯/习俗
《关于将善良风俗引入民事审判工作的指导意见(试行)》的说明	法律具有滞后性,不可能面面俱到;对乡土社会的调整存在一定的难度和不足。	世代相传,约定俗成;无时无刻不在调整着人们的行为;弥补国家法的适用缺陷。
《关于将善良风俗引入民事审判工作的指导意见一[婚约返还彩礼]》的说明	《婚姻法》没有婚约的规定,司法解释对于返还彩礼没有具体的规定。	(婚姻给付彩礼)相当普遍,由来已久,源远流长,有深刻的思想文化根源;受当地传统文化、风俗习惯的影响,具有身份性、伦理性和习俗性的特点;适用当地习惯能使当事人接受裁判结果,便于执行,有利于社会的和谐。
《关于将善良风俗引入民事审判工作的指导意见二[赡养]》的说明	《婚姻法》和《老年人权益保护法》只规定赡养人应对被赡养人尽赡养义务,但如何赡养规定得不明确。	存在大量关于赡养的民间习惯,且这些习惯在处理赡养纠纷时成为标准被广泛运用;适用民间习惯能够使法院的裁判更符合社会生活现状,适应当地的人文环境。
《关于将善良风俗引入民事审判工作的指导意见三[分割家庭共有财产]》的说明	法律对分割家庭共有财产没有具体而详细的规定,民法通则及其司法解释仅有原则性规定。	民间存在着大量作为多年处理家庭纠纷经验总结的自觉不自觉使用的有关分割家庭共有财产的善良风俗。如家庭财产分割房屋时有"哥东弟西"、"老大得家神柜、老二得桌灶"等具体的习俗。

续表

指导意见的说明	法　律	习惯/习俗
《关于将善良风俗引入民事审判工作的指导意见四[商事]》的说明	法律有规定但不够明确，为此缺乏具体性的具有可操作性的指导。	枸杞当界碑由来已久；民间交易有垫归的习俗；在长期的社会生活中所形成的约定俗成，这些习惯通常涉及法律规定没有涉及的具体方面，并为社会公众所认可。实践中存在为当地民众普遍认可的“苗猪三天不吃食应当由卖方承担责任”的交易习惯和习俗。
《关于将善良风俗引入民事审判工作的指导意见五[执行]》的说明	法律规定不够明确，不能满足农村社会对法治和司法提出的新的要求。	与民众日常事务、实际生活密切相连，得到一定地区内人们的普遍公认的习惯；执行祭祀物品冒犯民众信守的善良民俗；民间俗语“七十不留宿，八十不留饭”，老年人不实施拘留措施；民间习惯“要债不过三十”，“正月十三上灯，正月十八落灯”，这些期间不能上门要债，为此推而广之节假日不上门执行等。

上表第一列是六个规范性指导意见及其说明的名称，第二列是六个规范性指导意见及其说明指出的法律具有的局限性，第三列是六个规范性指导意见及其说明指出的习惯/习俗对于法律的局限性的弥补作用。从《〈关于将善良风俗引入民事审判工作的指导意见一[婚约返还彩礼]〉的说明》、《〈关于将善良风俗引入民事审判工作的指导意见二[赡养]〉的说明》、《〈关于将善良风俗引入民事审判工作的指导意见三[分割家庭共有财产]〉的说明》、《〈关于将善良风俗引入民事审判工作的指导意见四[商事]〉的说明》、《〈关于将善良风俗引入民事审判工作的指

导意见五[执行]〉的说明》指出的法律的局限性可以看出，成文法规定不够明确是法律的局限性之一：上述六个说明均指出法律不够明确从而缺乏可操作性。而第三列基本上指出了习惯/习俗的两个功能：弥补法律过于原则的局限性；通过习惯/习俗解决法律与民众距离较远的问题，增强判决的民众认可度。

二、习惯与法律的可操作性

大陆法系基本的法律适用方法是演绎式三段论法律推理，从推理形式看，演绎推理是一种从预定前提出发的非扩充性论证，即演绎推理的前提是先在的，一个演绎论证的结论，通常是隐含的，已经包含在它的前提之中；只要它的所有前提为真，它的结论必然为真，并具有可靠性。因为演绎式三段论推理的推论力在于前提之间的逻辑必然性、逻辑一致性，前提中没有提到的，结论毫不涉及。① 大陆法系之所以采纳演绎式三段论法律推理与法国大革命思潮有关，正如梅利曼指出的："它(革命)对渊源于罗马法和共同法的那些基本法典的形式、适用方法以及(在一定程度上)对法典的内容都产生了深刻的影响。思想革命产生了新的法律思维方法，它对于司法组织和司法行政，对于实体法和程序法都产生了重大影响。"②而且受孟德斯鸠三权分立

① [美]高奇：《科学方法实践》，王义豹译，清华大学出版社 2005 年版，第 124—125 页。

② [美]约翰·享利·梅利曼：《大陆法系》(第二版)，顾培东等译，法律出版社 2004 年版，第 14 页。

理论的影响，政府应由民选代表执掌；政府权力尤其是立法、行政和司法权力应当分立；由于立法机关是唯一由直接选举产生的代议制政府部门，所以也只有它才能反映人民的意志，因此，只有立法机关才能创制法律，国家内部的任何个人和团体都不能创制法律，尽管个人之间可以通过契约来对双方进行约束，团体可以采用有效的规章来调整其成员之间的关系，但是它们都没有立法权，他们的这些活动被认为是私人活动，它们只有在得到国家承认并保护其实施时，才具有法律效力；司法机关只能忠实于法律，依法裁判当事人之间的纠纷，不得创制法律。① 法典编纂思想蕴涵着对人类理性的崇拜，革命时代，也是一个理性的时代。理性主义成了这个时代占主导地位的思想力量。“理性支配着人的一切活动，智者们正确运用缜密思想之时，也就是一切旧势力的障碍清除之日。……由无懈可击的自然法原则所产生的理性的新法和新体制势必消弥旧法和旧体制。”②“一种理性的社会生活秩序的基础，或许可以通过一种全面的法律规则的新秩序予以有目的地奠定。”③

对理性的极度尊崇和信任使立法者自信可以制定完美无缺

① [美]约翰·享利·梅利曼:《大陆法系》(第二版)，顾培东等译，法律出版社 2004 年版，第 22 页。

② [美]约翰·享利·梅利曼:《大陆法系》(第二版)，顾培东等译，法律出版社 2004 年版，第 16 页。

③ [德]K. 茨威格特、H. 克茨:《比较法总论》，潘汉典等译，法律出版社 2003 年版，第 133 页。

的成文法典，加上对三权分立的严格遵守，使得大陆法系想依靠演绎推理的推论力即大小前提间的逻辑必然性自然而然地得出符合该法律规范旨意的裁判结论，从而达到限制情感、偏好、前见等非理性、个性因素对裁判的影响，达到使司法裁判忠实于法律的目的。这一点由《法国民法典》第四条（审判员借口没有法律或法律不明确不完备而拒绝受理者，得依拒绝审判罪追诉之）和第五条（审判员对于其审理的案件，不得用确立一般规则的方式进行判决）的规定可以看出。按照梅利曼的观点，这种法典最突出的典型是 1794 年腓特烈大帝的《普鲁士民法典》。①

至此，可以发现演绎式三段论法律推理要求法典具有这样

① 又称《普鲁士普通邦法》。这是德意志境内最大的国家的法典，全名为《普鲁士国家的普通邦法》。该法典内容很杂，包括宪法、行政法、民法、刑法、商法等规定，共分 2 部 43 章，有 17000 条之多。于 1794 年 2 月 5 日公布，同年 6 月 1 日施行。在公法方面，本法典是绝对主义国家思想的体现，在私法方面却包含着近代个人主义自由主义的思想。第 1 部为个人法，第 2 部为家族法与团体法。开始有关于法的一般原则的规定。以下第 1 部前 7 章规定：人、物、行为、意思表示、合同、不法行为、占有。这些相当于民法总则。接着第 8 至第 16 章规定所有权、所有权的取得、保持、追及、权利义务之消灭等关于财产权的得丧变更。第 17 至 22 章规定共有、分割所有权、他物权、担保物权、用益权、相邻权等。第 23 章规定罚则。第 2 部第 1 至第 4 章规定婚姻、亲子、亲族、家产，是为亲属法部分。第 5 至第 12 章规定仆婢、组合、农民、市民、贵族、官吏、教会、学校等，即规定各种身份的人的特别义务。第 13 至第 17 章规定国家、国库的特权与义务，第 18 及第 19 章规定监护与各种慈善机构，最后第 20 章规定刑罚。这是一部体现“普鲁士的自然法”精神的法典，一直施行到帝国成立后德国民法典施行之时。这部法典在国内研究较少，以上介绍出自百度百科“普鲁士普通邦法”词条。另可参见[美]约翰·亨利·梅利曼：《大陆法系》（第二版），顾培东等译，法律出版社 2004 年版，第 29—30 页。

的特征，即法官的作用仅限于根据条文的内容，选择可以适用的法典规定，并阐明其确切的含义。① 这就要求法律完整、连贯和清晰，规定必须明白无误，总之要求完美无缺的法律。

虽然对于我国是不是大陆法系有不同的观点，但是至少就司法技术而言，我国也是主要运用大陆法系式的演绎式三段论法律推理。但正如上文分析的，法律（特别是我国法律）规定得过于原则或者没有明确规定使得三段论推理在司法实践中会遇到困难：由于法律规定过于原则或者没有明确规定使得三段论推理缺乏明确的"大前提"，而明确的"大前提"的缺乏则使三段论的有效性没法得到保证。

大陆法系式的演绎式三段论法律推理对法律（大前提）的要求很高：完整、连贯和清晰，规定必须明白无误。可以说大陆法系式的演绎式三段论法律推理要求的是近乎完美无缺的法律。虽然在实践中由于各方面的原因（如法官智慧的发挥）"完美无缺"这个要求可以适度降低，但是法律规定明确从而使得大前提明确是三段论推理有效的基本前提。但是从表 4-1 可以看出，我国民法相关规定是非常原则的，没有具体的具有很强的可操作性的规定。这在司法实践中至少产生了如下问题。

首先，由于缺乏具体的法律规定，法官在实践中难以运用三段论推理，这就给司法带来了难题。但是由于法官不能拒绝裁

① ［美］约翰·亨利·梅利曼：《大陆法系》（第二版），顾培东等译，法律出版社 2004 年版，第 29 页。

判，那么法官就面临着如何寻求裁判依据的问题，另外相关的问题是寻求到的裁判依据如何得到当事人、民众、上级法院等等认可的问题。这些都给法官带来司法困惑。

其次，由于缺乏具体的法律规定，法官在裁判时就有较大的自由裁量权。而较大的自由裁量权一方面可能带来司法腐败的潜在危险，因为较大的自由裁量权意味着有较大的权力寻租空间；另一方面由于法官的自由裁量权可能带来同案不同判的问题，造成民众的相对剥夺感和司法不公感。如姜堰市人民法院院长汤建国就指出："司法不公，并不是完全不公，还有司法过程中的差异，老百姓做一个对比。比如彩礼，都是 2 万元，她家返还那么多，我们家怎么返还这么少。这时候他会对司法机关产生一种合理的怀疑。他当然要怀疑了。而且中国社会讲究人情，大家都生活在一个小县城里头。人家是不是找了法官，是不是送礼送什么东西，受什么贿赂，老百姓都会有怀疑。"姜堰市人民法院法官也表达了类似观点："相同类型的案子，不同的法官裁判差距很大，就是同一个法官同一类型的案件，也有很大的差别。老百姓认为你法院不公平啊。"①

为了弥补成文法律的局限性，姜堰实践就从成文法律的具体化着手来克服法律过于原则的缺陷。这种弥补针对不同的情况采用不同的措施。

---

① 孔凡文：《善良风俗在民事审判中运用的实践》，汤建国、高其才主编：《习惯在民事审判中的运用——江苏省姜堰市人民法院的实践》，人民法院出版社 2008 年版，第 92 页。

针对由于法律规定过于原则或者没有规定造成的法官自由裁量权过大导致的同案不同判的问题，姜堰实践通过规定具体比例或较为具体的计算办法，如在《关于将善良风俗引入民事审判工作的指导意见一[婚约返还彩礼]》第二条、第三条、第四条中较为具体规定返还比例。[①] 在《关于将善良风俗引入民事审判工作的指导意见二[赡养]》中具体规定了“指导意见计算事例”，按照赡养人和被赡养人的不同情况，如区分赡养人是否务农、赡养人和被赡养人的人数、赡养人的家庭人均收入等等，规定了较为具体的数额。[②] 这种

---

① 《关于将善良风俗引入民事审判工作的指导意见一[婚约返还彩礼]》第二条：婚约的礼物和礼金价值在人民币 2000 元以下的，一般不返还；超过人民币 2000 元以上的，酌情返还。第三条：接受彩礼方提出解除婚约的，彩礼价值在 2000 元以上至 10000 元以下的，按照 80%返还；价值在 10000 元以上至 20000 元以下的，按照 90%返还；价值在 20000 元以上的则全额返还。给付彩礼方提出解除婚约的，彩礼价值在 2000 元以上至 10000 元以下的，按照 60%返还；价值在 10000 元以上至 20000 元以下的，按照 70%返还；价值在 20000 元以上的则全额返还。第四条：接受彩礼方为结婚做了准备，可以准备的妆奁抵算返还。以现金返还，返还的数额在上述第三条的基础上再下降 30%。虽然这些数字和比例的科学性还有待进一步探讨，但是无疑地这种规定在一定程度上解决了我国法律没有规定婚约、司法解释对于返还彩礼没有具体的规定给司法带来的问题。

② 如《关于将善良风俗引入民事审判工作的指导意见二[赡养]》第五条：赡养人不以务农为生，其收入超过所在地城市居民最低生活保障的，赡养人应该给付赡养费。其给付被赡养人的生活费按以下标准确立：(一)家庭人均月收入超过 210～500 元部分，被赡养人每人每月的生活费按赡养人家庭人均月收入的 20%给付；(二)家庭人均月收入超过 500～1000 元部分，被赡养人每人每月的生活费按赡养人家庭人均月收入的 15%给付；(三)家庭人均月收入超过 1000 元部分，被赡养人每人每月的生活费按赡养人家庭人均月收入的 10%给付。

比例和数据的确立,在很大程度上解决了由于法律规定过于原则或者没有规定造成的法官自由裁量权过大导致的同案不同判的问题,增强了法律的可操作性,从实践上看取得了良好效果。

三、习惯与民众对法律的认同感

(一)“幽灵之战”实验的启示

“幽灵之战”实验是由英国心理学家弗雷德里克·巴特莱特1932年进行的,他首先让大学生阅读印第安民间故事“幽灵之战”,在间隔一段时间后要求学生根据自己的记忆复述这个故事。下面两部分内容是故事的原创本和节本。

幽灵之战原本

一天晚上,两个年轻人从阿古拉克沿着小河去捕海豹,当他们到达那里的时候,天色变得雾气蒙蒙,四周非常平静。突然,他们听到了战争中声嘶力竭的呐喊,他们认为:“这可能是一场战争。”他们逃往岸边,并隐藏在一棵树木的后面。这时,一组独木舟出现了,并且他们听到了划桨声,看到一只独木舟正在驶向他们。在独木舟中坐着5个人,他们说道:

“你们在想什么?我们希望与你们一道。我们正在驶向那条小河与人类作战。”

一个年轻人说道:“我没有箭。”

“箭在独木舟中。”他们回答道。

“我不能去。我可能被杀死。我的亲人们不知道我去了哪里。但是，你可以与他们一起去。”他转向另一个人说道。

所以，一个年轻人去了，另一个年轻人回家了。

那些武士们继续沿着那条小河前进，到达了卡拉马另一边的城镇。人类开始下水，他们开始战斗，并且许多人被杀死了。但是，不久那个年轻人就听到一个武士说：“快，让我们回家吧！那个印第安人已经被击中。”这时，他想到：“噢，他们是幽灵。”尽管他并没有感到不舒服，但是，他们说他已经被击毙了。

然后，那些独木舟返回了阿古拉克，那个年轻人上岸回到自己的家里，并且生了一堆火。

他告诉每个人：“我陪伴了幽灵，并且我们开始作战。我们的许多同事被杀死。他们说我已经被击中，但是，我并没有感到不舒服。”

他把这件事告诉所有的人，然后就消停下来。当太阳升起来后，他倒下了。一些黑色的东西从他嘴中流了出来。他的脸开始扭曲。人们肃然起立并开始哭泣。

他已经死了。

幽灵之战节本

这里有两个幽灵，他们走在一条小河上。在这条小河上有一叶独木舟，其中坐着 5 个人。随后遭遇了一场幽灵之战。一个幽灵问道:“箭在哪里?”另一个幽灵回答说:“在独木舟中。”他们开始战斗,几个人受伤了,并且一些人被杀死了。一个幽灵受伤了,但是没有感到不舒服。他坐在独木舟中回到了小村。第二天早晨,他病了,并且一些黑色的东西从他的嘴里流了出来。人们哭喊着:“他死了。”①

“幽灵之战”虽然原本是弗雷德里克·巴特莱特的实验心理学的一个实验,但是在一定程度上,可以把立法过程比拟成从原创故事到节本的过程,与原本相比节本体现了较强的规律性,这是因为作为回忆的节本省略了“不相关”或“不重要”的细节:原本细节较多,情节极为紊乱,虽然描述细致但有一种非常混乱的感觉,而节本省略了大量的细节,逻辑性极强。原本到节本的过程可以通过提高标准和灵敏化两种方式进行,通过提高标准,干扰的因素被提高标准后而舍弃,相反那些典型的特征被灵敏化了。② 而立法过程在很大程度上也是如此,面对着异彩纷呈、种类纷繁、各不相同的社会现实,法律又需要响应大量的、不断变化的问题与冲突,摒弃大量具体的、形态各异的细节,而进行高度抽象是立法(特别是现代立法)的必然选择。

以我国刑法关于杀人罪的规定为例,现实中的杀人从杀人

① 关于“幽灵之战”的情节和分析,可参见[德]埃克哈特·施里特:《习俗与经济》,秦海等译,长春出版社 2005 年版,第 56—57 页。

② [德]埃克哈特·施里特:《习俗与经济》,秦海等译,长春出版社 2005 年版,第 58 页。

方式、杀人过程、杀人动机、杀人后果等来看是复杂多样的。如就杀人方式而言，就有用刀杀人、用毒杀人等等用“X”杀人（X是无法穷尽的），这种情形用亨廷顿·凯恩斯的话“世界上的事物比用来描述它们的词语多得多”来描述是恰当的。正如博登海默所说的，我们语言的丰富程度和精妙程度还不足以反映自然现象在种类上的无限性、自然要素的组合与变化以及一个事物向另一个事物的逐渐演变过程。① 而对于现实生活中存在着无穷种可能或组合的杀人手段、情节、动机的现象，我国刑法只规定了“故意杀人的，处死刑、无期徒刑或者十年以上有期徒刑；情节较轻的，处三年以上十年以下有期徒刑”（第二百三十二条）和“过失致人死亡的，处三年以上七年以下有期徒刑；情节较轻的，处三年以下有期徒刑。本法另有规定的，依照规定”（第二百三十三条）。可以看出，相较于常青的丰富多彩的生活之树而言，法律规定就相当地单调。在这个意义上可以说，法律就是世界的节本。

由此，结合“幽灵之战”的启示和对我国刑法杀人罪立法的分析，法律语言专门化或者立法（特别是现代立法）的过程大体就是在忽略细节的基础上利用法律术语对为数众多、种类纷繁、各不相同的行为、物和关系高度抽象的过程。这种例子是随处可见的，如民事立法中就用“物”（法律上所说的物，是指民事权

① ［美］E. 博登海默：《法理学：法律哲学和方法》，邓正来译，中国政法大学出版社 1999 年版，第 486 页。

利主体能够实际控制或支配的具有一定经济价值的财产)这个概念包括了有可能为人们所支配或控制的一切自然物和劳动创造的物,也就是民事立法把形形色色的世界万物都抽象为“物”这个概念。

(二)法律术语的代价

幽灵之战的启示是双重的,一方面揭示了法律术语必然是抽象的,立法必须剔除一些细节,这也是具有普遍适用性的法的要求;[①]但是与前者相适应的是,由于剔除了一些细节,法律术语的专门化程度就较高,这也就使得法律规定与普通民众的距离就较远。下文笔者将重点分析后者即分析法律术语的代价。

立法过程在一定程度上是把日常语言转化为法律术语的过程,这种转化对法律调整社会现实而言是必要的,但是这种转化也会带来不可避免的局限性。对于法律语言或者法律概念的这种两面性,卡多佐有较为精彩的论述:“概念只要适得其所,就是有用的,实际也是必需的。……法律体系的匀称性、其各部分的相互关系以及逻辑上的协调性,这些都是深深蕴含在我们法律及法哲学中的价值。”但“很多不公都源自概念上的专制。当人们将概念视为真实的存在,鲁莽地运用它们而无视逻辑对结果

---

① 就我国金字塔状的法的形式而言,法律层次越高,适用的范围就越广,法律规定得就越抽象,法律术语的专门化程度就越高;相反层次较低的法由于适用范围有限,所以就规定得相对具体,法律术语的专门化程度也就较低。

的限制时，它们与其说是人们的工具，毋宁说是专横的主人”[①]。基于这种两面性，认真分析法律术语的代价就非常必要了，只有对法律术语的负面性保持高度的警惕，才有可能把法律术语给法律带来的局限性降低到最低限度。

可以把立法过程看成是提取公因子的过程，法律由于具有普遍适用性，所以必然要求从各地纷繁复杂的社会现实中抽取出具有共性的要素，去掉个性的东西，而且法律层次越高，去掉的个性也就越多。从日常语言到法律术语的过程就是从多彩到单色调或者无色调的过程。在这个过程中，许多私人性的无法普遍化的因素都被过滤掉了。对于这个过程带来的负面影响，国外很多学者都有过相关论述，如按照罗素的说法，把思想翻译成语言的过程中，每个人经验中最具个人特点的东西几乎都失掉了。[②] 罗素还指出，语言越客观，知识的私人性越少。数学语言能够表述的，是枯燥和冷漠的世界。你为了传达而牺牲了表达，结果你所传达的最后只能是既抽象而又干燥无味的东西。[③]这也是语言的代价：任何言说，都是概念的言说，都必定遮蔽了所言说的经验的私己性，而代之以他人经验中对应于概念意义的共识所涵盖的部分。博格森也指出，概念节省了时间，代价则是把时间线性化——把想象力限制在概念所界定的方向上，从

① [美]本杰明·N.卡多佐：《法律的成长　法律科学的悖论》，董炯等译，中国法制出版社2002年版，第129—130页。

② [英]罗素：《人类的知识》，张金言译，商务印书馆1983年版，第10页。

③ [英]罗素：《人类的知识》，张金言译，商务印书馆1983年版，第11页。

而放弃了概念所界定的方向以外的各种可能性。① 就这个意义上而言,语言作为一种符号体系本身就省略了很多无法表述的个性化、感情化等无法抽象化、客观化的因素,正如维特根斯坦指出的,在有限之外确实存在不可言说的东西,我们的语言能够言说的,都是无意义的。真正有意义的,都是不可说的。② 法律术语作为专门性较强的专家语言,在形成过程中剔除了任何对达成理想行为模式无用的要素,形成较为"精确"和"科学"的语言,但是知识越具有科学性,就越远离生活世界,因为生活世界是私人性的。为此,法律术语的一个重要代价是为了精确和普遍拉大了与普通民众的生活世界的距离,也拉大了与普通民众的心理距离。

萨维尼的关于法律发展的三阶段论的论述是有启发意义的,萨维尼把法律发展分为三阶段:一个民族的习惯法、经法学家改造过的学术法和法典编纂阶段,在第三个阶段,法律不再有民众的支持,而成为专家小团体的财产。③ 从法律术语角度看,

---

① 可参见汪丁丁:《制度分析基础讲义Ⅱ》,上海人民出版社2005年版,第59页。

② "只可意会,不可言传"、"此中有真义,欲辨已忘言"、"书不尽言,言不尽意"、"道可道,非常道"等现象都在一定程度上揭示语言的局限性,这是语言学中的"语言功能不完备原理"。维特根斯坦的观点尽管有些极端(如真正有意义的,都是不可说的),但只要限定在一定程度和一定范围还是有真理性的。维特根斯坦的《逻辑哲学论》就以"凡不可说的,应当沉默"结尾。在他看来,不可说的、只能在沉默中显示的东西,永远比可说的东西重要。

③ 徐爱国、李桂林:《西方法律思想史》(第二版),北京大学出版社2009年版,第285页。

萨维尼的法律发展三阶段在很大程度上就是法律术语专门化程度逐渐提高的发展过程：习惯法阶段的法律术语与日常语言的距离还不算很大，很多法律用语还带有很强的日常语言的色彩，正如《十二铜表法》第七表，法典中很多语言非常具体，很多表达方式也非常平民化，法律与一般的文学语言差异不大，外行人在没有专业训练的情况下也基本上能够看懂和运用法律。① 但是到了《法国民法典》，虽然公认是最通俗易懂的法典，但也出现了大量的法律术语，其表达方式也相对法律化。到了《德国民法典》，法律术语的专业化程度更加高，成了法学家创造的专家法，一般民众根本看不懂更谈不上运用法律了。

恩格斯有关法律、立法、法学的论述也指出了这点："在社会发展的某个很早的阶段，产生了这样的一种需要：把每天重复着的生产、分配和交换用一个共同规则约束起来，借以使个人服从生产和交换的共同条件。这个规则首先表现为习惯，不久便成了法律。随着法律的产生，就必然产生出以维护法律为职责的机关——公共权力，即国家。随着社会的进一步的发展，法律进

① 《十二铜表法》第七表是关于"土地和房屋（相邻关系）"的，从法条看，用语非常通俗，表述非常具体。如"凡在自己的土地和邻地之间筑篱笆的，不得越过自己土地的界限；筑围墙的应留空地一尺；挖沟的应留和沟深相同的空地；掘井的应留空地六尺；栽种橄榄树和无花果树的，应留空地九尺；其他树木留五尺。"（第二条）"在他人土地上有通行权的，其道路宽度，直向为八尺，转弯处为十六尺。"（第六条）"树枝越界的，应修剪至离地十五尺，使树阴不至影响邻地；如树木因风吹倾斜于邻地，邻地所有人亦可诉诸处理。"（第九条）"橡树的果实落于邻地时，得入邻地拾取之。"（第十条）

一步发展成或多或少广泛的立法。这种立法愈复杂,它的表现方式也就越远离社会日常经济生活条件所借以表现的方式。立法就显得好像是一个独立的因素,这个因素似乎不是从经济关系中,而是从自身的内在根据中,可以说,从'意志概念'中,获得它存在的理由和继续发展的根据。人们忘记他们的法起源于他们的经济生活条件,正如他们忘记他们自己起源于动物界一样。随着立法进一步发展为复杂和广泛的整体,出现了新的社会分工的必要性:一个职业法学者阶层形成了,同时也就产生了法学。法学在其进一步发展中把各民族和各时代的法的体系互相加以比较,不是把它们视为相应经济关系的反映,而是把它们视为自身包含自我根据的体系。"①立法的发达和日益复杂,使得法律越来越远离社会日常经济生活条件,越来越沉迷于自身包含自我根据的体系,与普通民众的距离越来越远。

汪丁丁曾指出,知识的希腊词根是"gnoo-",包含三层意思:(1)熟悉的、亲切的、私己的;(2)经验的、专业的、劝诫的;(3)客观的、系统的、科学的。可在当代英语里,知识(knowledge)只包含(2)的一部分和(3)的全部,不再含有(1)的意思。这说明,在知识传统内,私人体验正在逐渐消失。② "熟悉的、亲切的、私己的"因素之所以被知识放逐,很大程度上就在于这些因素没有办法被语言表达或者是如果表达会损害知识的普遍性和精确性。

---

① 恩格斯:《论住宅问题》,《马克思恩格斯文集》(第3卷),人民出版社2009年版,第322页。

② 汪丁丁:《制度分析基础讲义Ⅱ》,上海人民出版社2005年版,第52页。

同理,法律知识本来也应该包含上述三层含义,在习惯法阶段的法律中似乎也是大致[①]能够包含这三层含义的,但是随着法律的精致化和科学化,带有很强异质性和个性的"熟悉的、亲切的、私己的"成分不能被追求同质化和普遍性的法律所吸收。这对于具有普遍适用性的法律来说是必要的,但是由于"熟悉的、亲切的、私己的"因素被过滤使得更熟悉日常语言和日常生活的普通民众对法律很难有很强的认同感、亲切感和体己感。

法律的局限性除了与知识、语言有关外,还与人的有限理性有关系。关于有限理性,苏格拉底的"我知道我无知"和米兰·昆德拉的"人类一思考,上帝就发笑"都是有名的论述,但较系统的研究当属赫伯特·西蒙。赫伯特·西蒙的有限理性的概念或许抓住了人类思维最为明显的特征。卡尔·波普尔也说过:"尽管我们各人所有的各种点滴知识大不相同,在无限的无知上却全部一样,记住这一点对我们所有人都会是有益的。"[②]由于人的理性是有限的,人的想象力和设计能力有限,不可能把所有备择方案全部列出;决策者既不可能掌握全部信息,也无法认识决策的详尽规律。作为只具有有限理性的立法者,他不可

---

① 之所以是"大致",是因为习惯法阶段的法律已经是用通过语言表达的,而由于上文分析的语言本身固有的局限性,在表达过程中已经过滤了一些没法表达或"被认为不值得"表达的因素,虽然这个阶段可能由于较接近日常语言被过滤的因素还较少。

② [英]卡尔·波普尔:《猜想与反驳》,傅季重等译,上海译文出版社1988年版,第41页。

能认识立法所要调整的对象的全部信息，而只能选择在其看来重要的信息。对于这种选择，著名的美国心理学家威廉·詹姆斯曾经有过精彩论述："数以万计的外界事物呈现于我的感觉器官，但它们从来未进入我的经验，为什么？因为我对它们没有兴趣。我的经验是我愿意注意的东西。只有那些我注意到的东西才会出现在我的大脑中——如果没有选择的话，经验将是一片混乱。"①立法者只能观察到他想看到的东西，而这又受制于他所处的情境、个人的经验史以及其具备的知识结构，而法律专业为主的知识结构对于立法具有重要意义，如果再考虑到贝克尔所说的知识结构的专业化就是"每个人知道越来越多的关于越来越小的事情"(everyone knows more and more about less and less)的说法，我们可以知道立法者的有限理性以及知识结构使得法律很可能会拉大与普通民众的距离，使普通民众对法律持冷漠的态度。

(三)习惯与认同

法律专业化导致的法律与民众的距离，使得普通民众对法律很难有很强的认同感、亲切感和体己感。正如昂格尔所说，公平越是屈从于规则的逻辑，官方法律与老百姓的正义感之间的差距就越大。从而，在老百姓的眼中，法律就会渐渐地失去自身

---

① 参见[英]M. 艾森克主编：《心理学——一条整合的途径》，阎巩固译，华东师范大学出版社2000年版，第210页。

的可理解性和合法性。他们认为，法律或是权贵们运用的魔术箱，或是随意地落在正人君子和邪恶小人身上的一系列霹雷而已。[①] 对此，埃尔曼也指出，一个社会的成分越复杂，政治和法律方面的领先人物们就离规范所指向的人越遥远。当都市的精英企图将其法律观念加诸受习惯束缚的农村社会时，由此产生的鸿沟会特别明显。[②] 人们更愿意遵循那些日常生活中常用的规则，而不是那些并不理解的、远离客观也远离情感的国家法律。通过来源于社会的规范和压力来进行调控，其效果远远大于法律的推动。[③] 姜堰实践主要通过吸收民间通行的习俗和做法，一方面使过于原则化的法律具体化，更重要的是通过吸收民众认可度较高的习俗，拉近了法律与民众之间的距离，使民众对法律产生亲切感。如在分割家庭共有财产领域，民间存在着大量作为多年处理家庭纠纷经验总结的自觉不自觉使用的有关分割家庭共有财产的善良风俗，如家庭财产分割有“哥东弟西”、“拆屋留山”、“老大得家神柜、老二得桌灶”等习俗，这些深受民众认可的习俗对于增强民众对法律的认可是很有作用的。另外在民商事领域，吸收民间由来已久的“枸杞当界碑”、采用为当地

① ［美］R. M. 昂格尔：《现代社会中的法律》，吴玉章等译，译林出版社2001年版，第198页。

② ［美］H. W. 埃尔曼：《比较法律文化》，贺卫方等译，清华大学出版社2002年版，第243页。

③ ［德］托马斯·莱塞尔：《法社会学导论》，高旭军等译，上海人民出版社2008年版，第237页。

民众普遍认可的“苗猪三天不吃食应当由卖方承担责任”的交易习惯和习俗对于缩小法律与普通民众之间的距离是不无裨益的。另如在执行领域，尊重民间普遍公认的“要债不过三十”，“正月十三上灯，正月十八落灯”习惯、遵从“七十不留宿，八十不留饭”的俗语，对老年人不实施拘留措施，对于保证执行得到民众的认同是很有意义的。

通过吸收民众普遍认可和具有亲切感的习俗和习惯使得法律与民众的关系距离拉近，这个过程部分可以用心理学上的移情来解释。移情可以由心境产生，心理学家认为，“心境”就是使人的所有其他情绪都染上某种色彩的、比较持久的一种情绪状态。当一个人的心境愉快时，他倾向于以肯定的眼光来评价他所看到的一切。在这种场合里，平常他不关心的东西也可能引起愉快的情绪体验。立普斯认为，移情作用的意义是这样的：“我对一个感性对象的知觉直接地引起在我身上的要发生某种特殊心理活动的倾向，由于一种本能（这是无法再进一步加以分析的）这种知觉和心理活动二者形成一个不可分裂的活动。”①简而言之，移情是一种特殊的心理活动机制。具体到本书研究的主题，姜堰实践就是吸收大量的存在于民众日常生活中的、为

① 伍蠡甫、胡经之编：《西方文艺理论名著选编：中卷》，北京大学出版社1986年版，第483页。立普斯（Theodor Lipps，1851—1914），德国心理学家、美学家，德国“移情派”美学主要代表。慕尼黑大学教授，著有《空间美学和几何学·视觉的错误》、《美学》、《论移情作用，内摹仿和器官感觉》、《再论移情作用》等。立普斯在美学方面的最大贡献是提出了较系统的移情理论。

民众普遍认可的由来已久的习俗/习惯，也就是说，民众对习俗/习惯是具有很强的认同感、亲切感和体己感的，(由于国家法律吸收了这些习俗/习惯)民众就会把对习俗/习惯的认同感、亲切感和体己感“移情”到国家法律中去，虽然“移情”这个过程是长期的、渐进的，也不可能是完全的，但毕竟可能是会发生的。这个过程可以用心理学上的晕轮效应来解释，人们对人的认知和判断往往只从局部出发，扩散而得出整体印象，也即常常以偏概全。① 人们对习俗/习惯的认同感、亲切感和体己感可能会扩散到吸收了习俗/习惯的国家法律身上，这有点类似于俗话说的“爱屋及乌”。

第二节　习惯对法律的重要性

在上一节中，笔者以姜堰实践为对象分析了法律对习惯的局限性的克服或缓解作用，由于局限于姜堰实践，所以上文的研究具有一定的局限性。笔者则从更一般的意义上去探讨习惯的力量与法律的局限的问题。在第三章从下意识、隐性知识、实施

① 晕轮效应最早是由美国著名心理学家爱德华·桑戴克于20世纪20年代提出的。一个人如果被标明是好的，他就会被一种积极肯定的光环笼罩，并被赋予一切都好的品质；如果一个人被标明是坏的，他就被一种消极否定的光环所笼罩，并被认为具有各种坏质量。这就好像刮风天气前夜月亮周围出现的圆环(月晕)，其实呢，圆环不过是月亮光的扩大化而已。桑戴克把这一心理现象起名为“晕轮效应”，也称作“光环作用”。

成本的角度部分回答了习惯为什么有力量的问题，这为分析习惯的力量与法律的局限的问题奠定了基础。在本节，笔者将简单论述习惯对法律的重要性，提出习惯力量的二元性观点；其次，将分析为什么会有这种重要性。

一、习惯对法律作用的二元性

关于习惯与法律的效力，有很多相关论述。如在卢梭看来，风俗、习俗（惯）和舆论是第四种法律，而且是最重要的法律。在他看来，“这种法律既不是铭刻在大理石上，也不是铭刻在铜表上，而是铭刻在公民们的内心里；它形成了国家的真正的宪法；它每天都在获得新的力量；当其他的法律衰老或消亡的时候，它可以复活那些法律或代替那些法律，它可以保持一个民族的创新精神，而且可以不知不觉地以习惯的力量代替权威的力量”①。博登海默则认为，“历史学派的观点在一个重要的方面是正确的：只有那些适应早期社会一般生活方式及那个时代的经济要求的习惯，才能得到统治者或处于统治地位的贵族阶层的执行，任何一个当权者都不可能长时间地实施与当时当地的社会需要背道而驰的规则或安排。……为了使行为规则能够发挥有效的作用，行为规则的执行就需要从这些有效运行的社会中得到一定程度的合作与支持”②。法社会学者托马斯·莱塞

① ［法］卢梭：《社会契约论》，何兆武译，商务印书馆 1980 年版，第 73 页。

② ［美］E. 博登海默：《法理学：法律哲学和方法》，邓正来译，中国政法大学出版社 1999 年版，第 382 页。

尔论述得更加直接，如果法律的条款与得到民众普遍认可的风俗、宗教、政治或社会的法律观或价值观相一致，而且也是以此为基础而制定的，那么该法规被自愿遵循的机会就很大。相反，如果法规与非法律的社会规范相违背，那么只能依靠强制手段才能得以实现。在规范的主要适用领域中，法规的效力性概率是同其他非法律的规则相一致的程度成正比的。[①] 弗里德曼则从执行的角度看待法律与习惯，认为“国家很难去除强大的集体习惯。从文化上讲，违反大家感情和愿望的法律很难执行，很可能无效。……能够发掘文化中潜在的善意和力量的法律在执行和说服上每花费一美元会得到大得多的回报”[②]。类似的论述还有很多。[③] 这些论述从不同层面不同角度或多或少地表达了同一个观点：法律必须考虑民众的习惯，违反习惯的法律将很难得到执行。

习惯对法律的重要性在于，习惯对于法律的作用具有二元

---

① [德]托马斯·莱塞尔：《法社会学导论》，高旭军等译，上海人民出版社 2008 年版，第 236、238 页。

② [美]劳伦斯·M. 弗里德曼：《法律制度》，李琼英等译，中国政法大学出版社 2004 年版，第 126 页。

③ 如卡多佐认为不应当将强行移植的、缺乏习惯习俗或大众信念为基础的纯粹创新法律，看成是未来一种有利的治疗力量。为此他希望避免的是，当法律赖以建立的惯例、习俗、信念与功利的土壤被冲洗一空时，法律仍然维持着一种有害的生活。[美]本杰明·卡多佐：《法律与文学》，中国法制出版社 2007 年版，第 172 页。斯普林克尔则指出，与风俗习惯相伴的权利与义务得到很好的理解。[英]S. 斯普林克尔：《清代法制导论》，张守东译，中国政法大学出版社 2000 年版，第 129 页。

性,即"水能载舟亦能覆舟"、"顺之者昌逆之者亡"的道理:如果法律的规定符合习惯,那么法律将较容易得到公众的认同,公众对法律能更多地持"内在观点",法律也往往能够得到公民的自动遵守,即使启动强制执行机制,其成本也较为低廉,法律的效力和实效能得到高度统一;相反,如果法律的规定违背习惯,那么,法律在实践中往往得不到有效执行,要么被民众规避,要么执行成本过高,法律将形同虚设,法律的效力和法律的实效将产生背离。典型的例子如美国的禁酒法案和我国前几年的禁放令。典型的还有 1926 年土尔其婚姻法改革:1926 年,土尔其政府过于急切地模仿西欧法律进行改革,颁布了新婚姻法,但许多青年男女继续按老的习惯方式结婚,这种婚姻按照新婚姻法来说是无效的,这种非法婚姻所生的子女也是非婚生子女。但是传统习惯的力量太强了,以致于传统的习惯产生的婚姻过多,产生了大量的所谓非婚生子女。在民间普遍抗拒的压力下,土耳其政府被迫对向前走得太快的法律进行调整。①

二、原因分析

习惯对法律的重要性与习惯的力量密切相关。

与人们对法律的有意识不同,习惯对于人们而言具有下意识的特征。人们经常反复地遵循习惯行事,结果习惯行为变成

---

① 中国社会科学院法学所:《各国法律概况》,知识出版社 1981 年版,第 254 页。

了自发的行动。就是说,这种行动通常不带有任何有意识的因素。而从心理学上说,一种行为越具有自发性,采取与其相反的行为就越困难,越需要有坚强的毅力,而且相反的行为通常会伴之以强烈的不愉快感。[①] 从人的本性而言,我们都会珍爱自己习惯的思想体系,任何以明显的蛮横态度对它加以亵渎的现象,都会使我们懊恼,甚至会引起我们的愤恨。所以,我们首要的倾向是抑制特异性。[②] 习惯能满足一种精神需求,而且如果没有遭到其他冲动过分强烈的抵制,那么它很可能被视为是强制性的,因为它是一种连续一致的思维方式。[③] 从人的心智来看,不符合习惯并与其有明显不同的行为方式一般会使人产生不快的情感。这是因为习惯性的思维方式深深植根于每个人的大脑中,成了他精神生活中不可分割的一部分,而背离这种习惯思维方式的现象直接使大脑感到焦虑不安。而且我们反对改变习惯完全不是出于有意识地逻辑推理,而主要是出于与习惯不协调的新观念所造成的感情效果。[④] 博厄斯的下面论述较完整地归纳了习惯的力量:传统是在个人的行为中表现出来的。这一行

① [美]弗兰兹·博厄斯:《原始人的心智》,项龙等译,国际文化出版公司1989年版,第118页。

② [美]查尔斯·霍顿·库利:《人类本性与社会秩序》,包凡一等译,华夏出版社1999年版,第208页。

③ [美]查尔斯·霍顿·库利:《人类本性与社会秩序》,包凡一等译,华夏出版社1999年版,第263页。

④ [美]弗兰兹·博厄斯:《原始人的心智》,项龙等译,国际文化出版公司1989年版,第118页。

为重复的次数越多，变得越固定，人们对它的意识程度就越轻。所以，那些重复频率极高的习惯性行为变成了完全无意识的行为。与意识程度的削减相辅相成的是这些行为所具有的情感价值越来越被遗忘，同时违背习俗的行为越来越少。抑制固定化的行为要有更强的意志力，而伴随这种努力的是强烈的不快感。① 这也符合心理学上的认知失调或认知不协调理论，这种理论认为，人们的思想里具有寻求一致性的基本需求。如一个想法与另一个想法意义相反，那么，其结果是导致不愉快状态或引起失调感。② 所以，习惯的强大力量在很大程度上是由于习惯是“深深植根于每个人的大脑中”，成为人的连续一致的思维方式和行为模式，而且这种思维方式和行为模式由于在很大程度上是下意识的或者是无意识的，习惯在很大程度上成为人的本能或天性，所以不能靠有意识地逻辑推理来改变，这就使其具有极其坚强的毅力。正如波斯纳指出的，习惯就跟上瘾一样，其成本——可能纯粹是心理上的——与时间成负相关，而其收益则与时间成正相关。一旦一种实践成为习惯性的，服从的收益—成本比率就会变成高度的正值，以至于即使因中断而产生

① [美]弗兰兹·博厄斯：《原始人的心智》，项龙等译，国际文化出版公司 1989 年版，第 132 页。

② 参见[英]M. 艾森克主编：《心理学——一条整合的途径》，阎巩固译，华东师范大学出版社 2000 年版，第 587 页。

的实际损害微不足道，中断也被认为是一项真正的成本。[①] 所以，如果一个行为被反复执行，那些，它就成为习惯性的。这不仅适用于可见的行为，而且也适用于心智过程和偏好。循环往复使这样的行为更加深刻地根深蒂固，达到了这一点，就很难考虑其他的行为方式，思考的新方式或评估它的周边环境的不同方法。[②]

从习惯的获得方式来看，行动者获得习惯更多的是通过无意识地默会地方式，这种方式类似于米德所强调的“内化”，而通过内化，行动者团体的价值观（习惯）作为自己的价值观，这些价值观进入个人自己的动机系统，深刻地统治着个人的行为和信念，使之完全步调一致。正如休谟所说的，习惯对于心灵有两种原始的效果：一种是使任何行为的完成或对任何对象的想象顺利无阻；一种是以后使它对于这种行为或对象有一种趋向或倾向。[③] 为此，由于大部分习惯对于普通民众而言是通过默会的方式习得的，所以一则民众对习惯不会感到陌生或者过于压抑的强制；二则民众接受习惯非常自然，从而认同感较高。正如密尔指出的，绝大多数似乎是不证自明的观念都是在习惯的神秘影响下形成的。

---

① [美]理查德·A.波斯纳：《法律理论的前沿》，武欣等译，中国政法大学出版社 2003 年版，第 304 页。

② [德]埃克哈特·施里特：《习俗与经济》，秦海等译，长春出版社 2005 年版，第 4 页。

③ [英]休谟：《人性论》(下册)，关文运译，商务印书馆 1980 年版，第 460 页。

习惯的这种力量解释了习惯对法律的重要性。对于习惯/习俗的获得,科特威尔指出,它们是……继承下来的。不是意识的产物,而是类似于人们在实践中无意识建立的自然力的产物……如同动物的本能,它们是从经验中发展起来的。年轻一代通过传统,模仿权威而学到民俗。① 与法律知识的获得需要有意识的学习不同,习惯的习得更多是通过无意识的方式获得的,而且从时间上讲习惯的习得一般比法律的学习来得晚,从人的珍爱自己习惯的思想体系和抑制特异性的本性看,在习惯与法律之间人们更多地会"选择"(这种选择更多地是潜意识的)已"成自然"习惯,而与习惯违背的法律使我们懊恼,甚至会引起我们的忿恨。因为,按心理学上的认知失调理论,人们的思想里具有寻求一致性的基本需求。如一个想法与另一个想法意义相反,那么,其结果是导致不愉快状态或引起失调感。② 所以,如果法律与习惯相违背,法律将成为民众异己性的东西,那么民众对法律将不会产生亲近感、认同感,人们将在实践中要么规避法律,要么采取各种反抗手段,无论哪种方式,都将使法律的实效无法实现。

---

① [英]罗杰·科特威尔:《法律社会学导论》,潘大松等译,华夏出版社1989年版,第21页。

② 参见[英]M.艾森克主编:《心理学——一条整合的途径》,阎巩固译,华东师范大学出版社2000年版,第587页。

第三节　民法典中的习惯

习惯对于法律具有的作用的二元性决定了在立法中应该善待习惯。① 中国民法典的立法已经拉开了序幕,《中华人民共和国物权法》已于 2007 年 3 月 16 日通过并于 2007 年 10 月 1 日开始实施,《中华人民共和国侵权责任法》也于 2009 年 12 月 26 日通过并于 2010 年 7 月 1 日起施行。在民法典立法涉及的诸多问题中,习惯在民法典中的地位是其中重要的问题之一。习惯的力量要求在我国民法典立法中重视习惯,但是从我国目前的立法或者草案中看,习惯在民法典中并没有得到应有的重视。如渠涛在考察了物权法草案后指出,这些草案所包含的传统习惯和习惯法的分量之小,使人感到传统习惯和习惯法在当前物权法的立法中并没有得到应有的重视。②相似地,周林彬、董淳锷也认为,学术研究上的"习惯热情"和立法过程中的"习惯情结"在最后公布的《物权法》条文中并未得到充分体现:我国物权法仅在不动产相邻关系及法定孳息取得等

① 习惯对法律的作用主要体现在民(商)法领域,对于刑法领域的习惯(法),此处不予关注。关于刑法领域的习惯法,可参见杜宇:《刑事制定法视域中的习惯法》,《法商研究》2004 年第 6 期;杜宇:《作为超法规违法阻却事由的习惯法》,《法律科学》2005 年第 6 期。

② 渠涛:《中国民法典立法中习惯法应有的位置——以物权法立法为中心》,渠涛主编:《中日民商法研究》(第一卷),法律出版社 2003 年版,第 46 页。

问题上表明对习惯的尊重和采纳。① 这与习惯在民法典中的应有地位有很大的差距。“它山之石，可以攻玉”，考察其他国家和地区民法典中有关习惯的规定对于我国民法典立法处理习惯的问题是不无裨益的。

一、几部民法典关于习惯的规定

为了更好地了解其他国家和地区民法典中有关习惯的规定，笔者选择了《法国民法典》、《德国民法典》以及《日本民法典》等三部具有代表性的法典作为考察对象。为了更直观，特列表4-2如下。

① 周林彬、董淳锷：《物权法中“习惯”的法经济学研究》，谢晖、陈金钊主编：《民间法》(第七卷)，山东人民出版社2008年版，第182页。

表 4-2　三部民法典中有关习惯的规定①

民法典	原则性规定	具体法条
法国民法典	第 6 条　个人不得以特别约定违反有关公共秩序和善良风俗的法律。	第 590 条、第 591 条、第 593 条、第 608 条、第 663 条、第 671 条、第 674 条、第 1135 条、第 1159 条、第 1160 条、第 1390 条、第 1587 条、第 1648 条、第 1736 条、第 1745 条、第 1748 条、第 1753 条、第 1754 条、第 1757 条、第 1758 条、第 1759 条、第 1761 条、第 1762 条、第 1777 条、第 1783 条、第 2102 条
德国民法典	第 138 条　(1)违反善良风俗的法律行为无效。	第 91 条、第 151 条、第 157 条、第 242 条、第 259 条、第 557 条、第 612 条、第 627 条、第 632 条、第 653 条、第 817 条、第 819 条、第 826 条
日本民法典	第 90 条　以违反公共秩序或善良风俗的事项为标的的法律行为,为无效。 第 92 条　有与法令无关公共秩序的规定相异的习惯,如果可以认定法律行为当事人有依习惯的意思时,则从习惯。	第 142 条、第 217 条、第 219 条、第 228 条、第 236 条、第 263 条、第 268 条、第 269 条、第 277 条、第 278 条、第 294 条、第 297 条

① 我国台湾地区“民法典”等于习惯也有较多规定,如原则性规定有:第 1 条　民事,法律所未规定者,依习惯;无习惯者,依法理。第 2 条　民事所适用之习惯,以不背于公共秩序或善良风俗者为限;具体法条见第 17 条、第 36 条、第 68 条、第 72 条、第 161 条、第 174 条、第 184 条、第 207 条、第 314 条、第 369 条、第 372 条、第 378 条、第 429 条、第 439 条、第 450 条、第 483 条、第 486 条、第 488 条、第 491 条、第 524 条、第 537 条、第 547 条、第 560 条、第 566 条、第 570 条、第 579 条、第 582 条、第 592 条、第 602 条、第 632 条、第 654 条、第 757 条、第 776 条、第 778 条、第 779 条、第 781 条、第 784 条、第 785 条、第 786 条、第 790 条、第 793 条、第 800 条、第 827 条、第 828 条、第 836 条、第 838 条、第 850 条之 3、第 850 条之 5、第 915 条、第 930 条。

从表 4-2 可以看出，上述三部民法典对于习惯的规定基本上包括两个方面：一是原则性的规定，二是较为具体的规定。就原则性的规定而言，三部民法典都规定了善良风俗原则，[①]而我国台湾地区民法典还规定了法律、习惯、法理三种法源的适用顺序。善良风俗原则是习惯进入法律的最集中体现，正如拉德布鲁赫指出的："立法，特别是我们的民法典，考虑到了习惯与法律原则上的不可区分性，这就是，它在愈来愈大的范围内给纯粹'违背善良风俗'的行为以法律上的效果。"[②]就具体的规定而言，三部民法典都有大量的条款涉及习惯的具体运用：《法国民法典》有 26 个条款，涉及用益权、债、相邻关系、夫妻财产关系等领域；《德国民法典》有 13 个条款，涉及物、债等领域；《日本民法典》有 12 个条款，涉及相邻关系、有共有性质的入会权、地上权、永佃权、继承等领域。总体而言，习惯在上述 4 部民法典中都占据较为重要的地位，具有较大的分量。

我国还没有统一的民法典，为此考察习惯在我国民法中的地位，只能通过观察一些重要的民事立法。其中《中华人民共和

---

① 善良风俗原则，与此相似的还有公序良俗原则，渠涛认为，公序良俗有两层含义：一是从国家的角度定义公共秩序；二是从社会的角度定义善良的风俗。可参见渠涛：《公序良俗在日本的最新研究动向》，渠涛主编：《中日民商法研究》(第一卷)，法律出版社 2003 年版，第 166 页。关于《德国民法典》善良风俗原则的不同解释，可参见[德]卡尔·拉伦茨：《德国民法通论》(下册)，王晓晔等译，法律出版社 2003 年版，第 596—625 页。

② [德]拉德布鲁赫：《法学导论》，米健等译，中国大百科全书出版社 1997 年版，第 9 页。

国民法通则》(1986 年通过)、《中华人民共和国继承法》(1985 年通过)、《中华人民共和国婚姻法》(1980 年通过、2001 年修正)、《中华人民共和国侵权责任法》(2009 年通过)等 4 部法律都没有涉及习惯,《中华人民共和国合同法》(1999 年通过)5 次提到"交易习惯",《中华人民共和国物权法》(2007 年通过)仅在不动产相邻关系及法定孳息取得两个问题上有 2 个条款涉及习惯。[①] 对我国现有的几部重要的民事立法的考察,可以发现我国的民事立法缺乏对习惯应有的重视,习惯在我国民事立法中的分量微乎其微。

二、民法典应重视习惯

民法典之所以要重视习惯,一是因为"习惯是有力量的";二是习惯与民法之间存在较强的亲和性。苏力指出了习惯对法律的重要作用:无论你承认与否,习惯都将存在,都在生成,都在发展,都在对法律发生着某种影响。习惯将永远是法学家或立法者在分析设计制定法之运作和效果时不能忘记的一个基本的背

---

① 第八十五条 法律、法规对处理相邻关系有规定的,依照其规定;法律、法规没有规定的,可以按照当地习惯。

第一百一十六条 天然孳息,由所有权人取得;既有所有权人又有用益物权人的,由用益物权人取得。当事人另有约定的,按照约定。

法定孳息,当事人有约定的,按照约定取得;没有约定或者约定不明确的,按照交易习惯取得。

景。[①] 民法是一个国家、社会全体人民的共同生活准则。民法的内容、民法的变化发展是与社会生活息息相关的。民法如果与社会脱节，就失去了它的价值。[②] 习惯主要存在于人民的日常生活中，这就与作为社会全体人民的共同生活准则的民法具有亲和性，正如美国学者莫里斯指出的："人民的日常生活最能在其风俗习惯中反映出来，而风俗习惯又构成了人民日常处理的法律。"[③]习惯与普通民众的生活息息相关，眭鸿明认为，习惯是一种具有"先在"意义的法权现象，它生成于社会物质生活条件，制约着法律创制。[④] 在习惯制约着法律创制的意义上而言，民法典立法必须重视习惯。

习惯对于民法典的适用具有重要意义，不符合人们实际生活中所遵循的习惯规范的民法是难以顺利实施的。正如拉德布鲁赫指出的，立法者可以把其需求按其意志付诸每一项法律内容——但法律上的效力只能在毫不脱离民众生活实际的情况下才能实现，否则民众生活就会拒绝服从它；一项法律只有在其实

---

① 苏力：《送法下乡——中国基层司法制度研究》，中国政法大学出版社2000年版，第263页。

② 谢怀栻：《关于日本民法的思考》，《环球法律评论》2001年秋季号。

③ [美]莫里斯：《法律发达史》，王学文译，中国政法大学出版社2003年版，第1页。

④ 眭鸿明：《清末民初民商事习惯调查之研究》，法律出版社2005年版，第277页。

际运用于大多数情况下时都能指望切实可行时，才会“产生效力”。[①] 马克斯·韦伯也表达了类似的观点，一种仅仅出自目的合乎理性的动机而被遵守的制度，一般来说，比那些仅仅依照习俗，即举止的习以为常，而发生的以习俗为取向的远为不稳定。这是因为习俗是“大家最为常见的内心态度的形式”。[②] 如果法律与习惯相违背，那么民众对法律将不会产生亲近感、认同感，人们将在实践中要么规避法律，要么采取各种反抗手段，无论哪种方式，都将使法律的实效无法实现。而且“如果绕过或违反一种制度的意向变成为常规，那么制度的适用就仅仅所剩有限，或者最后根本不再存在”[③]。

《法国民法典》的起草过程中就比较重视对习惯的吸收和协调。茨威格特和克茨认为，《法国民法典》在很大程度上是深受罗马法影响的南部成文法与以日耳曼、法兰西习惯法为基础的北部习惯法这两种传统制度的巧妙融合物。[④] 茨威格特和克茨对民法典编纂者在解决成文法与习惯之间的协调这个问题上表现出的观察力和机敏灵活评价甚高，认为他们达

① [德]拉德布鲁赫:《法学导论》，米健等译，中国大百科全书出版社1997年版，第2页。

② [德]马克斯·韦伯:《经济与社会》(上册)，林荣远译，商务印书馆1997年版，第62页。

③ [德]马克斯·韦伯:《经济与社会》(上册)，林荣远译，商务印书馆1997年版，第63页。

④ [德]K.茨威格特、H.克茨:《比较法总论》，潘汉典等译，法律出版社2003年版，第118页。

到了一种理智和平衡的调和。[①] 当然，法国历史上的对习惯的记录和整理工作为成文法与习惯之间的协调奠定了很好的基础。[②] 拿破仑任命的民法典起草四人小组的构成也有利于成文法与习惯的整合。首先，四人都是经验丰富的法律实务家，而非急躁激进的革命者。其次，四人中，两人（特隆歇和比戈·雷·普雷亚梅妞）代表习惯法地区，另两人（波塔利斯和马勒维勒）代表成文法地区。[③] 最后，重要的是，起草者对习惯持较为肯定的态度。反历史的自然法学者的热情（在我们的法律制度中，在我们的风俗中，在我们的习惯中，只能发现彻底的法律改革的障碍）并不为起草委员会所认同，“维持每一种不是必须毁灭的事物乃是有用的；法律应对社会习惯予以尊重，除非它们是邪恶的”[④]。

一般来说，日本的民法典编纂分四个阶段，即民法典编纂开

---

① [德]K. 茨威格特、H. 克茨：《比较法总论》，潘汉典等译，法律出版社2003年版，第135页。

② 如查理七世在1454年发布《蒙蒂·勒·图尔敕令》，要求各地方的习惯法应在国王的专家委员会的协助下记录下来，并且将那些已经记录在册的予以重新编纂。可参见[德]K. 茨威格特、H. 克茨：《比较法总论》，潘汉典等译，法律出版社2003年版，第120页。关于法国习惯记录和整理，还可参见[英]梅特兰等：《欧陆法律史概览》，屈文生等译，上海人民出版社2008年版，第三编。

③ [德]K. 茨威格特、H. 克茨：《比较法总论》，潘汉典等译，法律出版社2003年版，第128页。

④ [德]K. 茨威格特、H. 克茨：《比较法总论》，潘汉典等译，法律出版社2003年版，第137页。

始时期、博瓦索纳德民法典编纂时期、法典论争时期和法典调查会时期。习惯与民法的协调是贯穿于这四个阶段的问题。主张通过将法国民法典翻译过来作为日本的民法典①从而推进日本民法典的司法卿江藤新平也意识到法国民法和日本习惯的差异问题。博瓦索纳德负责起草民法典时，认为亲族法和继承法这一部分不必操之过急，因为“以古有之详尽的习惯规范今天的家族利益已为足矣”，当时的司法卿大木乔任也认为，这部分如果“不于深入斟酌本邦风俗习惯之基础上制定适宜的制度，恐难为民众所接受”，所以这部分应该暂缓制定。最后亲族法和继承法这一部分由日本人负责的法典起草委员会负责。另外，在司法卿大木的主持下，从 1876 年开始对全国的民商事习惯进行调查。法典公布后，进入了法典论争时期，延期派（主张延期实施这部法典）与断行派（主张应该如期施行）进行激烈的论战，其中法典有没有充分考虑日本习惯是其中一个重要的论题。论战以延期派的胜利而告终，法典调查会对习惯进行调查。②

---

① 江藤新平命令箕作麟祥翻译法国民法典，甚至指示说：“误译亦无妨，唯需速译”，打算就之修改后即作为日本的民法。江藤新平说：“我们可以将法国民法典中写有法兰西的字样改成帝国或日本。”可参见渠涛：《日本民法编纂及学说继受的历史》，渠涛主编：《中日民商法研究》（第一卷），法律出版社 2003 年版，第 108 页。

② 可参见[日]星野英一：《日本民法典编纂中遇到的难题——“习惯”在民法中的定位》，渠涛主编：《中日民商法研究》（第一卷），法律出版社 2003 年版，第 36—39 页。另可参见渠涛：《日本民法编纂及学说继受的历史》，渠涛主编：《中日民商法研究》（第一卷），法律出版社 2003 年版，第 104—152 页。

我国清末民初的民事立法也十分重视习惯。南京国民政府民法典时贯彻“参以各国法例，准诸本国习惯”的立法原则，1930年起草亲属、继承两编时，立法院特“制定调查表多种，发交各地征求习惯，复就前北京司法部之《习惯调查报告书》妥为整理”，作为立法参考。[①] 当时的习惯调查规模极大，自1918年铺开之后，“各省除边远外，络绎册报，堆案数尺，浩瀚大观”[②]。可见在当时对习惯的调查是极为重视的，这是因为在当时的民法典编纂者看来，“惟我国幅员辽阔，人口最多，各处所受之影响不同，社会及经济上种种进步、种种组织，未必到处能与其他种种进步及组织并驾齐驱。结果所至，各省、各区域之风俗习惯大相悬殊，且根深蒂固、牢不可拔者有之。且此等习惯，多因各地特殊情形，均有特殊之适用。一旦废除之，殊非易事”[③]。这方面的

① 胡旭晟：《20世纪前期中国之民商事习惯调查及其意义》，《湘潭大学学报(哲学社会科学版)》1999年第2期。

② 胡旭晟：《20世纪前期中国之民商事习惯调查及其意义》，《湘潭大学学报(哲学社会科学版)》1999年第2期。

③ 中华民国《民法总则编立法原则》，转引自胡长清：《中国民法总论·附录》，中国政法大学出版社1997年版，第399页。

研究，近几年来已经较多，不予赘述。①

对习惯采取漠视的态度，必然使一些法律规范远离人们的实际生活，对一个民族来说，规范其行为、支配其生活的法律应当从其心灵深处或生活习惯中长成，否则，那将既是法律的不幸，也是民族的不幸。② 就此而言，民法典立法必须重视习惯。

三、我国民法典立法对习惯不够重视

胡旭晟指出，客观地说，20 世纪上半叶中国法制建设（尤其是立法）对于本国习惯之重视，的确远非下半叶可比。③ 我国的民事立法在很大程度上佐证了这种观点。如以《物权法》为例，仅在不动产相邻关系及法定孳息取得两个问题上有 2 个条款涉及习惯。渠涛在考察我国物权法草案中习惯的分量后得出，习

① 如笔者手头就有三本相关著作，分别是眭鸿明：《清末民初民商事习惯调查之研究》，法律出版社 2005 年版；李卫东：《民初民法中的民事习惯与习惯法》，中国社会科学出版社 2005 年版；苗鸣宇：《民事习惯与民法典的互动：近代民事习惯调查研究》，中国人民公安大学出版社 2008 年版。相关论文有：胡旭晟：《20 世纪前期中国之民商事习惯调查及其意义》，《湘潭大学学报（哲学社会科学版）》1999 年第 2 期；张强：《浅析我国当前物权习惯调查模式——从清末民初两次民商事习惯调查比较角度》，《甘肃政法学报学报》2008 年第 5 期；郑定、春杨：《民事习惯及其法律意义——以中国近代民商事习惯调查为中心》，《南京大学法律评论》2005 年春季号，等等。

② 胡旭晟：《20 世纪前期中国之民商事习惯调查及其意义》，《湘潭大学学报（哲学社会科学版）》1999 年第 2 期。

③ 胡旭晟：《20 世纪前期中国之民商事习惯调查及其意义》，《湘潭大学学报（哲学社会科学版）》1999 年第 2 期。

惯法在物权法立法的过程中没有得到应有的重视。笔者粗略考察梁慧星负责的《中国民法典草案》后发现，草案中尽管对习惯有所涉及，但是分量不够，而且从相关信息看，起草者对我国的民事习惯也没有进行系统的调查。所以，总体而言，我国民法典立法对于习惯是不够重视的。①

渠涛认为，习惯法在物权法立法的过程中没有得到应有的重视，主要的原因之一就是关于民事习惯的法学研究在中国民法学界以往没有得到其应有的重视，而且时至今日也没有引起足够的重视，应该说这是物权法立法理论准备中的缺项。② 日本学者铃木贤也指出，中国的民法典制定中存在比较法研究的不足和法社会学式的实际调查不足的问题。③ 应该说，渠涛和铃木贤的看法在很大程度上指出了我国民事立法中存在的问题。在此笔者将重点分析我国对习惯的调查问题。

---

① 人大法工委的《中华人民共和国民法》（征求意见稿）规定的有关民事习惯的条文很少，而且没有把“习惯”作为民法的渊源。涉及习惯的只有以下条文：总则第六十三条，物权法第七十九、八十五、一百一十二条，合同法第二十二、二十六、六十、六十一、九十二、一百二十五、一百三十六、二百九十三条。可参见李建华、许中缘：《论民事习惯与我国民法典》，《河南省政法管理干部学院学报》2004 年第 2 期。另可参见李强：《论民事习惯在我国民法中的合理定位》，《理论界》2009 年第 10 期。

② 渠涛：《中国民法典立法中习惯法应有的位置——以物权法立法为中心》，渠涛主编：《中日民商法研究》（第一卷），法律出版社 2003 年版，第 53 页。

③ ［日］铃木贤：《中国的地方性法规与民法——民法典起草相关问题探讨》，渠涛主编：《中日民商法研究》（第五卷），法律出版社 2006 年版，第 38—40 页。

上文的分析表明，对习惯的调查是表 4-2 中几部民法典编纂中的一个重要环节，但这种调查在我国目前是比较缺乏的。[①]与表 4-2 中几部民法典编纂所进行的习惯调查相比，我国现今的习惯调查存在以下问题：第一，规模小，不够正规。表 4-2 中几部民法典的习惯调查都是官方主持进行的，规模较大。如我国清末民国初年的民事调查都成立了官方的调查机构，制定专门的操作规则。[②] 而我国现今的调查是非官方的，基本上是私人性的，规模小，也不够正规。第二，涉及领域少。我国清末民国初年的民事调查涉及了民法的各个领域，如《中国民事习惯大全》涉及债权（具体分 7 类）、物权（具体分 10 类）、亲属（具体分 8 类）、婚姻（具体分 18 类）、继承（具体分 4 类）、杂录（具体分 4 类）等；[③]《民事习惯调查报告录》按民法的编排体例，涉及的习惯有总则习惯（12 则）、物权习惯（1389 则）、债权习惯（985 则）、

① 就笔者阅读范围，有关民事习惯的调查，有王丽萍等：《山东省民众继承习惯调查研究》，谢晖、陈金钊主编：《民间法》（第六卷），山东人民出版社 2007 年版，第 325—416 页；陈苇：《当代中国民众继承习惯调查实证研究》，群众出版社 2008 年版。还有一些对少数民族习惯的调查，如陈金全、巴且日伙编：《凉山彝族习惯法田野调查报告》，人民出版社 2008 年版。

② 具体可见胡旭晟：《20 世纪前期中国之民商事习惯调查及其意义》，前南京国民政府司法行政部编：《民事习惯调查报告录》，中国政法大学出版社 2005 年版，代序。还可见《民事习惯调查报告录》的附录二即清末修订法律馆《调查民事习惯章程十条》，附录三即清末湖北调查局调查民事习惯报告例、报告书样式及调查问题样卷，附录四即民国时期湖南民商事习惯调查会章程及附属规则，这些都在一定程度上说明了当时民事习惯调查的正规性。

③ 施沛生编：《中国民事习惯大全》，上海书店出版社 2002 年版，目录。

亲属继承习惯(1046 则),共计 3432 则。① 而我国现今对习惯的调查涉及的领域少,往往只涉及一个方面。从涉及地域讲,民国时期的习惯调查涉及了当时的 19 个省,而现今对习惯的调查往往局限于一隅。第三,取得成果少。我国清末民国初年的民事调查取得的成果"络绎册报,堆案数尺,浩瀚大观",清末各省调查报告多达 828 册,民国调查资料到 1926 年年底共计 67 册。② 而相对而言现今对习惯的调查取得的成果就不可同日而语了。

我国民法典立法中不重视习惯调查主要有几方面的原因:第一,习惯调查是一项浩大的工程,需要大量的物力财力,非一人一时可以完成。我国目前采取的非官方的、私人性的调查往往只能浅尝辄止、蜻蜓点水。③ 第二,对习惯调查不重视也是一个重要的原因。表 4-2 中几部民法典都十分重视习惯,如民国时期人们反思清末立法得失时就指出:"前案(指《大清民律草案》——引者注)多继受外国法,于本国固有法源,未甚措意。如

① 可参见前南京国民政府司法行政部编:《民事习惯调查报告录》,中国政法大学出版社 2005 年版,第 1、9、341、607 页。

② 郑定、春杨:《民事习惯及其法律意义——以中国近代民商事习惯调查为中心》,《南京大学法律评论》2005 年春季号;另可参见胡旭晟:《20 世纪前期中国之民商事习惯调查及其意义》,《湘潭大学学报(哲学社会科学版)》1999 年第 2 期。

③ 关于习惯调查的模式,可参见张强:《浅析我国当前物权习惯调查模式——从清末民初两次民商事习惯调查比较角度》,《甘肃政法学报学报》2008 年第 5 期;王林敏:《法学向度的民间习惯调查与汇编》,《北方民族大学学报(哲学社会科学版)》2009 年第 5 期。

《民法债权篇》于通行之'会',《物权篇》于'老佃'、'典'、'先买',《商法》于'铺底'等全文规定,而此等法典之得失,于社会经济消长盈虚,影响极巨,未可置之不顾","溯自前清变法之初,醉心欧化,步武东瀛,所纂民律草案大半因袭德日,于我国固有之民事习惯考证未详,十余年来不能实行试用"①。这种对习惯的重视是开展民商事习惯调查的重要原因。第三,仓促立法也是我国不重视习惯调查的原因之一。正如胡旭晟指出,订立统一的中国民法典已成为民法学界梦寐以求且急不可待的头等目标。②而习惯调查,特别是全国性的、系统性的习惯调查是一个长期的工程。

有学者在总结民法典创制背景下的民法学研究的特点时指出,比较法的研究多于本土资源的挖掘。我国的比较法研究一直呈现如火如荼的局面,不仅限于大陆法系,还包括英美法系;不仅限于发达国家制度的引入,还包括发展中国家制度的介绍。但学界对于本土资源的挖掘还略有欠缺,对民事习惯和法官创造力的整理总结还嫌不足。③ 这也是导致由民法学者主导的我

---

① 参见胡旭晟:《20世纪前期中国之民商事习惯调查及其意义》,《湘潭大学学报(哲学社会科学版)》1999年第2期。

② 参见胡旭晟:《20世纪前期中国之民商事习惯调查及其意义》,《湘潭大学学报(哲学社会科学版)》1999年第2期。渠涛也指出了仓促立法的问题,可参见渠涛:《中国民法典立法中习惯法应有的位置——以物权法立法为中心》,渠涛主编:《中日民商法研究》(第一卷),法律出版社2003年版,第77页。

③ 王利明、周友军:《民法典创制中的中国民法学》,《中国法学》2008年第1期。

国民法典草案“多外国制度,少本国习惯”的重要原因。对我国民法典立法而言,胡旭晟的发问是值得深思的:民法学界将如何避免一部脱离中国国情的西方民法大拼盘?当代中国又将何以向世界贡献出一部真正中国的民法典?现今的民法学者对中国传统社会的民商事习惯有过多少研究?又有几人考察过现今民间生活中的民商习惯?① “若不于深入斟酌本邦风俗习惯之基础上制定适宜的制度,恐难为民众所接受”②,“造成一国之础本,形成一国之国风,即习惯也。故此如有无视该民族之习惯,而规定各种法令,则不能期待于行政之万全者明矣”③,民商习惯对民法典立法的意义可见一斑。要制定符合世界潮流而又真正具有中国特色的民法典,需要深入发掘中国社会的本土资源。④ 另外,“习惯是人民直接立法”⑤,习惯深深扎根于人们的日常生活中,把习惯的精华纳入民法典,无疑增加民众对民法典的认同感、亲切感,从而有利于民法典的实施。

---

① 参见胡旭晟:《20世纪前期中国之民商事习惯调查及其意义》,《湘潭大学学报(哲学社会科学版)》1999年第2期。

② 可参见[日]星野英一:《日本民法典编纂中遇到的难题——“习惯”在民法中的定位》,渠涛主编:《中日民商法研究》(第一卷),法律出版社2003年版,第37页。

③ 可参见胡旭晟:《20世纪前期中国之民商事习惯调查及其意义》,《湘潭大学学报(哲学社会科学版)》1999年第2期。

④ 郭建、王志强:《关于中国近代民事习惯调查的成果——〈中国民事习惯大全〉影印出版说明》,施沛生编:《中国民事习惯大全》,上海书店出版社2002年版,第13页。

⑤ 彭万林主编:《民法学》,中国政法大学出版社1999年版,第42页。

结　论

如果要用一句话归纳本书的核心思想的话，那只能是“习惯的力量在于人的心理”；如果要用一句话表达笔者的态度的话，那就是“必须认真对待习惯”。这两句话合起来就是本书的结论。

一、习惯的力量在于人的心理

人的心智极限条件决定了习惯存在的必然性。赫伯特·西蒙的有限理性的概念或许抓住了人类思维最为明显的特征。由于有限理性，我们大家都被迫挑选我们为了某种原因认为最有意思或是最重要的活动领域，于其中实施我们的选择；而对于其他一些事物，我们采取的保护自己的方法大多是用机械的控制。① 在机械的下意识的控制手段中，习惯就是其中一种重要

① ［美］查尔斯·霍顿·库利：《人类本性与社会秩序》，包凡一等译，华夏出版社 1999 年版，第 68 页。

的方式。正如 LeDoux 指出:“我们日常生活大约只有不到万分之一的部分是理性能够指导的,其余绝大部分都是习惯性动作,是无意识的,……它们要么是由基因决定了的,要么是生下来之后马上就习得,从而不再需要经过大脑的。”①制度经济学者克拉克也认为,大部分人类行为是习惯性的,是不以逐案计算为基础的。信息和决策成本是习惯产生的原因。②

习惯的力量与人的心理相关。斯金纳箱的心理学实验表明,干一件事的经验越多,行为改变的难度就越大。在开始行为时,行为一般由目标指引,但随着经验的增加,行为对刺激的反应变得越来越自动化,也更加有力。③ 这与心理学是一致的,精神活动过程的重复使这些工程能更加熟练地进行,同时削弱了随之而来的意识的程度。行为重复的次数越多,变得越固定,人们对它的意识程度就越轻。所以,那些重复频率极高的习惯性行为变成了完全无意识的行为。④ 习惯是经过反复灌输和实践形成的。意识程度的削减是习惯力量产生的重要根源,而“行为重复越多,人们对它的意识程度就越轻”的原因就在于人性。与

---

① 可参见汪丁丁:《制度分析基础讲义Ⅱ》,上海人民出版社 2005 年版,第 263—264 页。

② [英]马尔科姆·卢瑟福:《经济学中的制度》,陈建波等译,中国社会科学出版社 1999 年版,第 73 页。

③ 对斯金纳箱试验的分析,可参见 M.艾森克主编:《心理学——一条整合的途径》,阎巩固译,华东师范大学出版社 2000 年版,第 37—41 页。

④ [美]弗兰兹·博厄斯:《原始人的心智》,项龙等译,国际文化出版公司 1989 年版,第 56、132 页。

意识程度的削减相辅相成的是这些行为所具有的情感价值越来越被遗忘，同时违背习俗的行为越来越少。抑制固定化的行为要有更强的意志力，而伴随这种努力的是强烈的不快感。[①] 从人的心智来看，不符合习惯并与其有明显不同的行为方式一般会使人产生不快的情感。这是因为习惯性的思维方式深深植根于每个人的大脑中，成了他精神生活中不可分割的一部分，而背离这种习惯思维方式的现象直接使大脑感到焦虑不安。而且我们反对改变习惯完全不是出于有意识地逻辑推理，而主要是出于与习惯不协调的新观念所造成的感情效果。[②] 从人的本性而言，我们都会珍爱自己习惯的思想体系，任何以明显的蛮横态度对它加以亵渎的现象，都会使我们懊恼，甚至会引起我们的忿恨。所以，我们首要的倾向是抑制特异性。[③] 这些论述在很大程度上解释了习惯效力的心理基础，马林诺夫斯基认为，纯粹是藉着惰性，所有的习俗均被自愿地和严格地遵守着。[④] 这里的惰性，主要是精神的惰性，这种惰性，导致“奴隶般”、“不知不觉

---

① [美]弗兰兹·博厄斯：《原始人的心智》，项龙等译，国际文化出版公司 1989 年版，第 132 页。

② [美]弗兰兹·博厄斯：《原始人的心智》，项龙等译，国际文化出版公司 1989 年版，第 118 页。

③ [美]查尔斯·霍顿·库利：《人类本性与社会秩序》，包凡一等译，华夏出版社 1999 年版，第 208 页。

④ [英]马林诺夫斯基：《原始社会的犯罪与习俗》，原江译，云南人民出版社 2002 年版，第 40 页。

地”、“自然地”[1]服从习惯。习惯性行为的不断重复使得意识的成分越来越少进而在很大程度上成为下意识的行为，下意识的行为的改变给人带来的强烈的不快感使得习惯具有很强的强制性。马克斯·韦伯也指出，一定事件的重复往往产生“应该”的特点。仅仅是行为模式的习惯，维持这种习惯的本能以及传统，就会产生有利于习惯性法律秩序的强大影响。对于个人行为而言，“习惯”的存在也许比法律实施机制更有效，强制力产生的法律秩序“效力”不如作为“惯例”的习惯以及它的“惯性”。[2]

二、认真对待习惯

约瑟夫·熊彼特认为习惯对于社会具有不可或缺的作用，他说：“如果人类不把绝大多数的日常行为融入（不假思索的）‘习惯’并把这些习惯传承下去，那么社会将无法维持哪怕是一天的日常生活。”[3]没有法律的社会是存在的，无需法律的秩序也是存在的，但没有习惯，社会和社会秩序都没法维持，习惯在支撑社会秩序中起基础性作用。只有在法律中心主义的视野里，法律才是社会秩序的主要支撑力量。对日常生活而言，习惯

① ［英］马林诺夫斯基：《原始社会的犯罪与习俗》，原江译，云南人民出版社2002年版，第3页。

② ［德］马克斯·韦伯：《论经济与社会中的法律》，张乃根译，中国大百科全书出版社1998年版，第26、32页。

③ 汪丁丁：《在经济学与哲学之间》，中国社会科学出版社1996年版，第275页。

的作用才是更根本的。毕竟,相比较法律而言,习惯更与普通民众息息相关,普通民众对于习惯具有更强的亲切感和体己感。为此,与法律依靠国家强制力实施不同的是,习惯更多地是自我实施的,因为民众对习惯更为认同,许多习惯已经内化为个人的道德,还有很多习惯已成为民众的下意识。违背习惯的法律将因民众的普遍规避或反抗而形同虚设,"如果绕过或违反一种制度的意向变成为常规,那么制度的适用就仅仅所剩有限,或者最后根本不再存在"①。在此意义上说,立法和司法都应该注重习惯的因素。

许章润指出,就"习惯法"代表着为法典化和现代化所遮蔽的生活世界与意义秩序而言,发现或重新发现"习惯法",其实是一种认识"真正的中国"的法学形式。② 许章润虽然用的"词"是"习惯法",但是所指的"物"("词"与"物"是福柯意义的)实际上是包括习惯在内的。③ 就此而言,在很大程度上说,对习惯的重视就是对生活世界的重视,是对人间秩序的重视。所以,对习惯的重视是法学和法律真正正视国情、直面现实的社会关系的阶梯。所以,在很大程度上习惯是中国法学研究真正的"中国问

① 汪丁丁:《在经济学与哲学之间》,中国社会科学出版社 1996 年版,第 63 页。

② 许章润:《"习惯法"的当下中国意义》,《读书》2009 年第 10 期。

③ 因为在《"习惯法"的当下中国意义》一文开头许章润指出,作为前期立法准备、对于民间"风俗习惯"的调查,统归于"习惯法"或者"民间法"名下,多半不脱此臼。可见在该文中,习惯法、民间法、习惯是混用的。许章润:《"习惯法"的当下中国意义》,《读书》2009 年第 10 期,第 65 页。

题”的一个切入点，是构建中国特色民法典(避免民法典成为脱离中国国情的西方民法大拼盘)的一条路径。

我国法学和立法之所以漠视习惯的力量，一则与我国法学界盛行的法律实证主义有关；二则也与习惯的特殊性质有关。法律实证主义将许多重要的内容如习惯排除在法律之外，将法律局限在过于狭小的领域。正如埃利希指出的，法律实证主义关于法的定义不可能使人把法的真实性理解为社会调节功能，因为这种定义只是了法律中一些与大多数人的经验毫不相干的部分内容。① 具体说来，尽管对于社会调节功能和对大多数人的经验而言，日常生活中的习惯是更重要的、不可或缺的，但是在法学家特别是法律实证主义者看来，起纠纷解决功能的法律才是重要的、值得关注的。正如埃利希指出的，法学家所理解的法也不是在人类社会中作为法存在和起作用的东西，而完全是在法官司法中作为法加以考虑的东西。人类行为的规则和法官据以裁决法律争议的规则可能是大不相同的两回事，因为人类确实并不总是依照适用于其纠纷裁决的规则来行为的。②

习惯被漠视还与习惯的性质有关。习惯具有下意识的特征，这使得习惯的作用经常是默默地、无意识地。正如施里特指出的，习俗的力量发挥作用经常是看不见的和默认的。因为保

① [英]罗杰·科特威尔：《法律社会学导论》，潘大松等译，华夏出版社1989年版，第30—31页。

② [奥]欧根·埃利希：《法社会学原理》，舒国滢译，中国大百科全书出版社2009年版，第9页。

守主义和顺从而产生的不显眼的日常惯例经常躲避我们的意识。习惯性的态度和俗套强烈地影响思维和活动,并仍在很大程度上保留觉察不到的特征,它们是“隐含的”。[①] 本尼迪克特也指出,正是由于习俗是基本的,因而习俗就存在于意识关注的领域之外。[②] 虽然施里特和本尼迪克特都是针对习俗而言,但无疑对习惯也是适用的。所以,由于习惯的这种性质,习惯的作用虽然是基本的,但也是容易被忽视的。正如空气对于人而言是不可或缺的,但是空气的作用却因为我们意识不到而被忽视。

但是漠视习惯的作用不能否定习惯的基础性作用。所以,认真对待习惯就必须警惕漠视习惯作用的习惯虚无主义。如果考虑到我国法学研究和立法的具体状况,警惕习惯虚无主义,正视习惯的作用无疑更具有现实意义。鲁迅在论述习惯与改革时指出:“倘不深入民众的大层中,于他们的风俗习惯,加以研究,解剖,分别好坏,立存废的标准,而于存于废,都慎选施行的方法,则无论怎样的改革,都将为习惯的岩石所压碎,或者只在表面上浮游一些时。”[③]改革如此,立法和司法亦然。

---

① [德]埃克哈特·施里特:《习俗与经济》,秦海等译,长春出版社 2005 年版,第 2、10 页。

② [美]鲁思·本尼迪克特:《文化模式》,王炜等译,社会科学文献出版社 2009 年版,第 6 页。

③ 鲁迅:《习惯与改革》,《鲁迅经典杂文集》,海南出版社 2004 年版,第 143 页。

参考文献

一、中文类参考文献

（一）著作类

[1][英]罗杰·科特威尔. 法律社会学导论[M]. 潘大松，等译. 北京：华夏出版社，1989.

[2][美]罗伯特·C. 埃里克森. 无需法律的秩序[M]. 苏力，译. 北京：中国政法大学出版社，2003.

[3][美]弗兰兹·博厄斯. 原始人的心智[M]. 项龙，等译. 北京：国际文化出版公司，1989.

[4][美]霍贝尔. 原始人的法[M]. 严存生，等译. 北京：法律出版社，2006.

[5][美]康芒斯. 制度经济学[M]. 于树生，译. 北京：商务印书馆，1962.

[6][德]马克斯·韦伯. 经济与社会[M]. 林荣远，译. 北京：商务

印书馆,2004.
[7][德]马克斯·韦伯.论经济与社会中的法律[M].张乃根,译.北京:中国大百科全书出版社,1998.
[8][英]爱德华·汤普森.共有的习惯[M].沈汉,等译.上海:上海人民出版社,2002.
[9][美]E.博登海默.法理学:法律哲学和方法[M].邓正来,译.北京:中国政法大学出版社,1999.
[10][英]哈特.法律的概念[M].张文显,等译.北京:中国大百科全书出版社,1996.
[11][美]阿兰·斯密德.制度与行为经济学[M].刘璨,等译.北京:中国人民大学出版社,2004.
[12][德]埃克哈特·施里特.习俗与经济[M].秦海,等译.长春:长春出版社,2005.
[13][美]查尔斯·霍顿·库利.人类本性与社会秩序[M].包凡一,等译.北京:华夏出版社,1999.
[14][美]爱德华·希尔斯.论传统[M].傅铿,等译.上海:上海世纪出版集团,2009.
[15][美]克利福德·格尔兹.文化的解释[M].纳日碧力戈,等译.上海:上海人民出版社,1999.
[16][德]恩斯特·卡西尔.人论[M].甘阳,译.上海:上海译文出版社,2004.
[17][法]皮埃尔·布迪厄,[美]华康德.实践与反思[M].李康,等译.北京:中央编译出版社,1998.

[18][英]休谟.人性的高贵与卑劣[M].杨适,等译.上海:上海三联书店,1988.

[19][英]M.艾森克主编.心理学——一条整合的途径[M].阎巩固,译.上海:华东师范大学出版社,2000.

[20][美]鲁思·本尼迪克特.文化模式[M].王炜,等译.北京:社会科学文献出版社,2009.

[21][德]柯武刚,史漫飞.制度经济学:社会秩序与公共政策[M].韩朝华,译.北京:商务印书馆,2000.

[22][英]马尔科姆·卢瑟福.经济学中的制度[M].陈建波,等译.北京:中国社会科学出版社,1999.

[23][美]威廉·詹姆斯.心理学原理[M].郭宾,译.北京:中国社会科学出版社,2009.

[24][德]托马斯·莱塞尔.法社会学导论[M].高旭军,等译.上海:上海人民出版社,2008.

[25][美]西蒙.管理行为[M].杨砾,等译.北京:北京经济学院出版社,1988.

[26][英]培根.培根论说文集[M].水天同,译.北京:商务印书馆,2003.

[27][奥]维特根斯坦.哲学研究[M].李步楼,译.北京:商务印书馆,1996.

[28][意]巴蒂斯塔·莫迪恩.哲学人类学[M].李树琴,等译.哈尔滨:黑龙江人民出版社,2005.

[29][美]R.M.昂格尔.现代社会中的法律[M].吴玉章,等译.

南京:译林出版社,2001.

[30][英]迈克尔·博蓝尼. 个人知识——迈向后批判哲学[M]. 许泽民,译. 贵阳:贵州人民出版社,2000.

[31][英]弗里德利希·冯·哈耶克. 法律、立法与自由(第一卷)[M]. 邓正来,等译. 北京:中国大百科全书出版社,2000 年.

[32][日]猪木武德. 经济思想[M]. 金洪云,等译. 北京:生活·读书·新知三联书店,2005.

[33][英]安东尼·吉登斯. 社会的构成[M]. 李康,等译. 北京:生活·读书·新知三联书店,1998.

[34][德]于尔根·哈贝马斯. 后形而上学思想[M]. 曹卫东,等译. 南京:译林出版社,2001.

[35][德]伯恩·魏德士. 法理学[M]. 丁小春,等译. 北京:法律出版社,2003.

[36][英]弗雷德·英格利斯. 文化[M]. 韩启群,等译. 南京:南京大学出版社,2008.

[37][美]卢克·拉斯特. 人类学的邀请[M]. 王媛,等译. 北京:北京大学出版社,第 2008.

[38][英]休谟. 人性论[M]. 关文运,译. 北京:商务印书馆,1980.

[39][美]威廉·A. 哈维兰. 文化人类学[M]. 瞿铁鹏,等译. 上海:上海社会科学院出版社,2006.

[40][法]埃米尔·涂尔干. 社会分工论[M]. 渠东,译. 北京:生活·读书·新知三联书店,2000.

[41][奥]欧根·埃利希.法社会学原理[M].舒国滢,译.北京:中国大百科全书出版社,2009.
[42][美]尼尔·K.考默萨.法律的限度——法治、权利的供给与需求[M].申卫星,等译.北京:商务印书馆,2007.
[43][美]杰罗姆·弗兰克.初审法院[M].赵承寿,译.北京:中国政法大学出版社,2007.
[44][英]S.斯普林克尔.清代法制导论[M].张守东,译.北京:中国政法大学出版社,2000.
[45][英]马凌诺斯基.文化论[M].费孝通,译.北京:华夏出版社,2002.
[46][英]马林诺夫斯基.原始社会的犯罪与习俗[M].原江,译.昆明:云南人民出版社,2002.
[47][法]米歇尔·福柯.规训与惩罚[M].刘北成,等译.北京:生活·读书·新知三联书店,1999.
[48][法]米歇尔·福柯.必须保卫社会[M].钱翰,译.上海:上海人民出版社,1999.
[49][美]布莱克.法律的运作行为[M].唐越,译.北京:中国政法大学出版社,2004.
[50][美]缪勒.公共选择理论[M].杨春学,等译.北京:中国社会科学出版社,1999.
[51][美]彼得·M.布劳.社会生活中的交换与权力[M].李国武,译.北京:商务印书馆,2008.
[52][法]伏尔泰.风俗论[M].蒋守锵,译.北京:商务印书

馆,1997.
[53][美]马歇尔·萨林斯.石器时代经济学[M].张经纬,等译.北京:生活·读书·新知三联书店,2009.
[54][英]罗素.人类的知识[M].张金言,译.北京:商务印书馆,1983.
[55][美]爱德华·O.威尔逊.人类的本性[M].甘华鸣,译.福州:福建人民出版社,1988.
[56][美]赫伯特·金迪斯等著.人类的趋社会性及其研究——一个超越经济学的经济分析[M].浙江大学跨学科社会科学研究中心,译.上海:上海世纪出版集团,2006.
[57][美]劳伦斯·M.弗里德曼.法律制度[M].李琼英,等译.北京:中国政法大学出版社,2004.
[58][英]爱德华·B.泰勒.人类学:人及其文化研究[M].连树声,译.桂林:广西师范大学出版社,2004.
[59][美]埃里克·A.波斯纳.法律与社会规范[M].沈明,译.北京:中国政法大学出版社,2004.
[60][美]杰克·奈特.制度与社会冲突[M].周伟林,译.上海:上海人民出版社,2009.
[61][德]卡尔·拉伦茨.德国民法通论[M].王晓晔,等译.北京:法律出版社,2003.
[62][美]波斯纳.正义/司法的经济学[M].苏力,译.北京:中国政法大学出版社,2002.
[63][美]波斯纳.法律理论的前沿[M].武欣,等译.北京:中国

政法大学出版社,2003.
[64][美]约翰·亨利·梅利曼.大陆法系(第二版)[M].顾培东,等译.北京:法律出版社,2004.
[65][德]K.茨威格特,H.克茨.比较法总论[M].潘汉典,等译.北京:法律出版社,2003.
[66][美]H.W.埃尔曼.比较法律文化[M].贺卫方,等译.北京:清华大学出版社,2002.
[67][英]梅特兰等.欧陆法律史概览[M].屈文生,等译.上海:上海人民出版社,2008.
[68][美]莫里斯.法律发达史[M].王学文,译.北京:中国政法大学出版社,2003.
[69][法]卢梭.社会契约论[M].何兆武,译.北京:商务印书馆,1980.
[70][法]孟德斯鸠.论法的精神[M].张雁深,译.北京:商务印书馆,1997.
[71][美]本杰明·卡多佐.法律与文学[M].董炯,等译.北京:中国法制出版社,2007.
[72][美]本杰明·N.卡多佐.法律的成长 法律科学的悖论[M].董炯,等译.北京:中国法制出版社,2002.
[73][德]拉德布鲁赫.法学导论[M].米健,等译.北京:中国大百科全书出版社,1997.
[74][英]卡尔·波普尔.猜想与反驳[M].傅季重,等译.上海:上海译文出版社,1988.

[75]前南京国民政府司法行政部编.民事习惯调查报告录[M].北京:中国政法大学出版社,2005.

[76]施沛生编.中国民事习惯大全[M].上海:上海书店出版社,2002.

[77]贾焕银.民间规范的司法运用[M].北京:中国政法大学出版社,2010.

[78]周长龄.法律的起源[M].北京:中国人民公安大学出版社,1997.

[79]梁治平.清代习惯法:社会与国家[M].北京:中国政法大学出版社,1996.

[80]汪丁丁.制度分析基础讲义Ⅰ[M].上海:上海人民出版社,2005.

[81]汪丁丁.制度分析基础讲义Ⅱ[M].上海:上海人民出版社,2005.

[82]汪丁丁.在经济学与哲学之间[M].北京:中国社会科学出版社,1996.

[83]高其才.中国习惯法论(修订版)[M].北京:中国法制出版社,2008.

[84]汤建国、高其才主编.习惯在民事审判中的运用——江苏省姜堰市人民法院的实践[M].北京:人民法院出版社,2008.

[85]高其才等.乡土司法[M].北京:法律出版社,2009.

[86]张生.民国初期民法的近代化[M].北京:中国政法大学出版社,2002.

[87]眭鸿明. 清末民初民商事习惯调查之研究[M]. 北京：法律出版社，2005.
[88]李卫东. 民初民法中的民事习惯与习惯法[M]. 北京：中国社会科学出版社，2005.
[89]苗鸣宇. 民事习惯与民法典的互动：近代民事习惯调查研究[M]. 北京：中国人民公安大学出版社，2008.
[90]李可. 习惯法——一个正在发生的制度性事实[M]. 长沙：中南大学出版社，2005.
[91]谢晖，陈金钊主编. 民间法(第一卷)[M]. 济南：山东人民出版社，2002.
[92]谢晖，陈金钊主编. 民间法(第三卷)[M]. 济南：山东人民出版社，2004.
[93]谢晖，陈金钊主编. 民间法(第六卷)[M]. 济南：山东人民出版社，2007.
[94]谢晖，陈金钊主编. 民间法(第七卷)[M]. 济南：山东人民出版社，2008.
[95]魏治勋. 民间法思维[M]. 北京：中国政法大学出版社，2010.
[96]于语和主编. 民间法[M]. 上海：复旦大学出版社，2008.
[97]韦森. 社会秩序的经济分析导论[M]. 上海：上海三联书店，2001.
[98]胡长清. 中国民法总论[M]. 北京：中国政法大学出版社，1997.

[99]李亦园.文化与修养[M].桂林:广西师范大学出版社,2004.
[100]张永和.信仰与权威[M].北京:法律出版社,2006.
[101]陈金全,巴且旦伙编.凉山彝族习惯法田野调查报告[M].北京:人民出版社,2008.
[102]赵汀阳.一个或所有问题[M].南昌:江西教育出版社,1998.
[103]桑本谦.私人之间的监控与惩罚[M].济南:山东大学出版社,2005.
[104]尹伊君.社会变迁的法律解释[M].北京:商务印书馆,2003.
[105]苏力.送法下乡[M].北京:中国政法大学出版社,2000.
[106]黄荣怀,郑兰琴.隐性知识论[M].长沙:湖南师范大学出版社,2007.
[107]黄国光,胡先缙等.面子——中国人的权力游戏[M].北京:中国人民大学出版社,2004.
[108]陈苇.当代中国民众继承习惯调查实证研究[M].北京:群众出版社,2008.
[109]费孝通.乡土中国 生育制度[M].北京:北京大学出版社,1998.
[110]张维迎.信息、信任与法律[M].北京:生活·读书·新知三联书店,2006.
[111]渠涛主编.中日民商法研究(第一卷)[M].北京:法律出版

社,2003.
[112]渠涛主编.中日民商法研究(第五卷)[M].北京:法律出版社,2006.

(二)论文类

[1]田成有."习惯法"是法吗?[J].云南法学,2000(3).
[2]田成有.民俗习惯在司法实践中的价值和运用[J].山东大学学报(哲学社会科学版),2008(1).
[3]胡旭晟.20世纪前期中国之民商事习惯调查及其意义[J].湘潭大学学报(哲学社会科学版),1999(2).
[4]郁振华.博蓝尼的默会认识论[J].自然辩证法研究,2001(8).
[5]韦森.习俗的本质与生发机制探源[J].中国社会科学,2000(5).
[6]梁治平.习惯法、社会与国家[J].读书,1996(9).
[7]梁治平.中国法律史上的民间法[J].中国文化,1997(15—16).
[8]许章润."习惯法"的当下中国意义[J].读书,2009(10).
[9]张雄.习俗与市场[J].中国社会科学,1996(5).
[10]何勤华.清代法律渊源考[J].中国社会科学,2001(2).
[11]赵汀阳.博弈问题的哲学分析.读书,2003(2).
[12]谢怀栻.关于日本民法的思考[J].环球法律评论,2001(秋季号).
[13]张强.浅析我国当前物权习惯调查模式——从清末民初两次

民商事习惯调查比较角度[J]. 甘肃政法学报学报,2008(5).
[14]陈益群. 论习惯和法律在司法领域中冲突与互动[J]. 法律适用,2005(1).
[15]郑定,春杨. 民事习惯及其法律意义——以中国近代民商事习惯调查为中心[J]. 南京大学法律评论,2005(春季号).
[16]李建华,许中缘. 论民事习惯与我国民法典[J]. 河南省政法管理干部学院学报,2004(2).
[17]李强. 论民事习惯在我国民法中的合理定位[J]. 理论界,2009(10).
[18]王林敏. 法学向度的民间习惯调查与汇编[J]. 北方民族大学学报(哲学社会科学版),2009(5).
[19]王利明,周友军. 民法典创制中的的中国民法学[J]. 中国法学,2008(1).
[20]杜宇. 刑事制定法视域中的习惯法[J]. 法商研究,2004(6).
[21]杜宇. 作为超法规违法阻却事由的习惯法[J]. 法律科学,2005(6).

(三)学位论文类

[1]厉尽国. 法治视野中的习惯法:理论与实践[D]. 山东大学博士论文,2007.
[2]王林敏. 民间习惯的司法识别[D]. 山东大学博士论文,2010.
[3]张晓萍. 论民间法的司法运用[D]. 山东大学博士论文,2010.
[4]刘新国. 论习惯作为民法渊源的正当性[D]. 中国政法大学

硕士论文,2007.
[5]王平.典权制度从习惯到法典化的分析[D].吉林大学硕士论文,2008.
[6]洪志兴.习惯研究的制定法向度与实践向度[D].山东大学硕士论文,2009.
[7]邓海兵.论民事习惯与制定法的冲突与调适[D].湘潭大学硕士论文,2009.
[8]曹士平.论民俗习惯司法运用的可行性[D].苏州大学硕士论文,2010.
[9]熊性玉.论民事习惯的司法适用[D].西南政法大学硕士论文,2010.

二、外文类参考文献

[1]Michael Polanyi, *Study of Man*, The University of Chicago press, 1958.
[2] Deborah L. Rhode, *In the Interests of Justice: Reforming the Legal Profession*, Oxford University Press, 2000.
[3]Kenneth J. Arrow, The Economic Implications of Learning by Doing, *Review of Economic Studies*, Vol. 29, 1962, pp. 155-173.
[4] Oliver E. Williamson, Credible Commitments: Using Hostages to Support Exchange, *American Economic Review*, Vol. 73, 1983. 4, pp. 519-540.

索　引